KB075896

박신영
문학과 역사, 인간에 관심 많은 이야기꾼.
어떤 일이 생기면 그 역사적 유래부터 파고드는
역덕이기도 하다. 다른 이야기를 알면, 다른 선택을 할 수
있다고 믿는다. 대하역사소설을 쓰고 싶어
숙명여대 국문학과에 입학해 사학을 부전공했다.
산 꼭대기에 있는 도서관 옆으로 이사 가서 직장을 다니며
새벽까지 책을 읽고 글을 썼다. 강산이 한 번 바뀔 무렵
하산해서 첫 책을 내게 되었다. 밥벌이와 일상의 무게를 알기에
쉽고 진실된 글을 써야 한다고 다짐한다.
첫 책 『백마 탄 왕자들은 왜 그렇게 떠돌아다닐까』
(한국출판문화산업진흥원 청소년 권장도서)로 많은 독자들의
사랑을 받았고, 이 책은 중국과 대만에도 번역 출간되어
현재 스테디셀러로 자리 잡았다. 이후 『제가 왜 참아야 하죠?』,
『고양이는 왜 장화를 신었을까』 등을 출간했다.

역사 즐기는 법

역사 즐기는 법

오늘을 사는 이를 위한
오래된 지혜

박신영 지음

역사를 아는 사람만이 성장한다

역사를 알아두면 어떤 점이 좋을까요? 답이 될 만한 큰 담론을 다룬 책들은 이미 많습니다. 저는 보다 실용적인 면에서 말씀드리려 합니다. 하루치의 노동을 하고, 나와 내 주변을 돌보며, 시간을 아껴 책을 읽거나 영화와 드라마를 보는 사람들 입장에서요.

태어난 것 자체가 사고입니다. 국적·계급·성별·종·외모·재능·건강·가정환경·성적취향 등등을 우리는 자연재해처럼 받고 태어나기 때문이죠. 랜덤으로 받은 운명에 순응하지 않고 스스로 운명을 완성하려면 오랜 시간이 걸립니다. 이 과정에서 유한한 생명과 바꾼 시간을 어떤 콘텐츠로 채우느냐는 매우 중요하다고 생각합니다. 평범한 우리에게는 나라 팔아먹을 기회도

나라 구할 기회도 영영 오지 않을 것입니다. 그러나 본인, 관계 맺는 대상이나 환경을 바꿀 기회는 종종 만나게 되죠. 이때 우리는 무엇에 근거를 두고 선택할 수 있을까요? 오늘을 사는 이를 위한 오래된 지혜, 역사 아닐까요. 현실에 일희일비하지 않고 멀리 내다보며 버티는 힘은 어떤 수련 방법으로 키울 수 있을까요? 인간과 시간이 대련하는 이야기, 역사 아닐까요.

역사 책 읽는 방법으로 시작합니다만 최종적으로는 역사 콘텐츠를 통과하여 스스로 성장하는 방법에 이르도록 썼습니다. 꼭 이대로 하라는 말은 아닙니다. 오래 고민하여 차근차근 구성했지만 제 방법만이 옳다고 생각하지 않습니다. 단지, '맨 땅에 헤딩하듯' '목 마른 자가 우물을 파듯' 지금까지 제가 했던 과정을 소개할 뿐입니다. 필요한 이야기를 찾는 분들께 도움이 되기를 바랍니다.

그럼, 시작할까요.

{1}

궁금한 것에서 시작하자

역사에 관심을 두어 더 알아보고 싶어지면 대개 읽을 책을 찾아보기 마련입니다. 그런데 지옥으로 가는 길은 선의로 포장되어 있고, 독서 포기로 가는 길은 고전 명저로 포장되어 있죠. 저는 생각합니다. 역사책을 처음 읽으려 한다면, '○○대학 교수진이 선정한 필독 고전 명저' 같은 목록에 있는 역사책부터 읽는 것은 피하는 편이 좋다고.

서울대학교에서 2023년에 발표한 목록을 볼까요. 고전 100선 추천서 중 역사 분야로는 헤로도토스의 『역사』와 사마천의 『사기 열전』, 페르낭 브로델의 『물질문명과 자본주의』 총 6권, 에릭 홉스봄의 시대 4부작

총 5권, 아르놀트 하우저의 『문학과 예술의 사회사』 총 4권이 있습니다. 제가 좋아하는 『삼국유사』도 있지만 역사가 아니라 인문 분야 목록에 있네요. 다 그 분야 전문가에게 인정받은 명저들입니다. 역사서를 읽다 보면 자주 만나게 되는 책들이죠.

그러나 초보 독자가 이런 책부터 대뜸 읽기 시작하는 것을 저는 권하지 않습니다. 해당 책은 물론, 역사서 자체에 대한 관심을 잃어버리기 쉬우니까요. 무엇보다 내용이 벅찹니다. 오해 마시길 바랍니다. 절대 독자 본인이 무식해서가 아닙니다. 초보 역사 독자라면, 그 책에서 다루는 내용에 대한 배경지식이 부족하기 때문이지요. 책 자체도 두껍거나 여러 권짜리 시리즈인 경우가 많아서 부담스럽기도 하고요.

이미 구입해서 몇 쪽 읽다가 포기하셨다고요? 자책하지 마세요. 다른 책을 읽어서 기본기를 쌓다가 시간이 흐른 뒤에 다시 읽으면 됩니다. 처음 읽을 때와 달리 매우 재미있고 속도감 있게 책장이 넘어가는 신기한 경험을 하게 될 겁니다. 그러니 아무리 의욕이 앞서더라도 고전 명저 목록 도전은 한동안 미뤄 둡시다. 무작정 사 놓은 벽돌책은 잠시 목침으로 쓰기로 해요. 베고 자면서 역사적인 꿈을 꾸어 보아요.

두꺼운 고전 명저를 읽다가 포기해 본 경험 때문인지 "역사는 알아 두면 좋긴 한데 막상 책을 읽으려 들면 엄두가 안 나. 지겹고 따분해"라고 하는 분이 많습니다. 맞기는 해요. 소개팅에 비유한다면, 역사책이란 첫 만남 자리에서 자신에 대한 정보만 사무적으로 늘어놓는 상대 같죠.

그런데 우리, 겪어 봤잖아요. 첫인상에 실망한 나머지 주선자에게 연락해 상대방이 별 매력 없는 사람 같다고 하소연하면 이런 답이 돌아오죠. "나를 믿고 딱 세 번만 만나 봐." 이 말은 이런 의미죠. "첫 만남이니까, 예의 갖추어 호구조사하는 단계잖아. 알고 보면 진국이니 소개자인 내 안목을 믿고 좀 더 만나 봐." 그렇죠. 한 번 만난 상대의 경직된 모습만 보고 이어지는 만남을 포기한다면, 그 사람의 다른 매력을 접할 기회를 놓칠 수 있죠. 혹시 압니까? 소개받은 카페에서는 각 잡힌 정장을 입고 무채색 표정을 지어 보이던 사람이 주말에는 직장인 밴드 합주실에서 찢어진 청바지를 입고 다채로운 후광을 발하고 있을지?

마찬가지입니다. 역사에도 우리가 간직한 공식적인 첫인상이 있답니다. 바로 학교에서 교과목으로 만난 모습이죠. 어린 시절에 우리가 배운 역사는 지겹고 따분했습니다. 주로 시간 순서대로 지역이나 국가 단위로 구성된 사건사 위주였으니까요. 나라가 생기고 개혁하고 제도를 만들고, 그러다 내란이 벌어지거나 이웃 나라와 전쟁하고 망하고, 또 생기고 만들고 전쟁하고 망하고… 무한 반복 같았죠. 교과서 속 인물들도 왕이나 전쟁 영웅, 권력자, 천재 예술가… 좋은 의미에서든 나쁜 영향력을 행사한 점에서든 너무나 대단한 사람들이고, 먼 옛날에 일어난 일이라 지금 우리 삶과는 동떨어진 느낌이었어요. 그러다 보니 감정이입이 되지 않아 흥미가 떨어졌지요.

그러나 국가의 흥망성쇠와 왕조사, 전쟁사만 역사인 것은 아닙니다. 왕과 전쟁 영웅, 권력자, 남성만 한 시대를 힘껏 살아간 것도 아닙니다. '역사'라고 생각하면 대개 떠올리곤 하는 기본적인 '통사' 외에 생활사, 문화사, 미시사 쪽으로 흥미롭게 읽을 만한 역사책도 많이 있어요. 분명히 있답니다. 내가 관심을 가질 만한 분야가, 읽다가 도중에 덮지 않을 역사책이.

딱딱한 역사 교과서에서 받은 첫인상 때문에 역사책 읽을 생각이 안 드시나요? 어려운 고전 명저에 도전했다가 상처만 받고 포기하셨나요? 포기의 경험이 쌓여서 이제는 어떤 책을 고를지 막막하신가요? 즐겁게 읽고 싶으니 지루한 책은 피하고 싶으신가요? 그렇다면 평소 관심 있는 대상을 하나 떠올려 보아요. 커피, 맥주, 도자기, 해적, 야구, 드라마, 영화, 애니메이션, 시대, 특정 인물… 다 좋습니다. 다음으로, 떠올린 대상 뒤에 '역사'를 붙여 인터넷 서점 검색창에 넣어 보세요. '커피의 역사'나 '맥주의 역사' '도자기의 역사' '해적의 역사'… 드라마나 영화라면 그 배경이 되는 시대를 검색해 보세요. 삼국시대, 개화기, 프랑스혁명… 흥미로운 책 이름이 주루룩 나올 겁니다.

딱히 키워드가 떠오르지 않는다면, 음식에서 출발해 보는 것도 괜찮습니다. 어떤 음식을 좋아하세요? 어제 저녁에 무엇을 드셨나요? 역사책 고르기는 어려워도 먹은 음식 이름 대는 거야 쉽지요. 게다가 음식의 유래에 대한 에피소드라면, 식사 자리에서 가벼운 대화 소재로도 제격이라 실용적이기도 합니다. 어떠세요, 빵, 초콜릿, 돈가스나 카레의 역사를 다룬 책 한번 읽어 보실래요?

다시 소개팅 이야기를 해 보겠습니다. 누군가에게 호감이 생기면 그 사람의 현재는 물론 지나온 시간이 궁금해지는 것이 인지상정. 어릴 때 어떤 음악을 들었는지, 어떤 책을 감명 깊게 읽었는지, 어디에 살다가 어디로 이사 갔는지, 어떤 사건을 겪었는지, 그 사건에 어떤 영향을 받았는지… 환경에 영향을 받고 스스로 선택하기도 하면서 성장한 그 사람의 모든 과정을 다 알고 싶어지죠. 애정이 깊어지면 중요한 장면을 그 사람 옆에서 내가 직접 못 본 것이 분해지기까지 하지 않나요? 저는 화가 나요. 타임머신은 왜 아직도 발명되지 않은 거죠?

이게 바로 역사책 읽기를 처음 시작할 때 필요한 자세 아닐까요. 나는 너를 좋아해! 네가 나를 만나기 전까지, 너의 모든 과거를 다 알고 싶어! 너의 역사가 궁금해!

네, 역사책을 고를 때에도 내가 좋아하는 것, 좋아해서 궁금해지는 그 지점에서 시작해 보아요. 부담 갖지 말아요. 소소한 관심거리를 검색하듯 편하게 찾아 읽는다고 생각하자고요. 굳이 시간 순서대로 전체 역사를 한 번 돌리는 본격 통사를 찾아 읽지 않아도 됩니다. 남들이 좋다고 하는 고전 명저 리스트는 잠시 미뤄주세요. 베스트셀러 리스트도 상관하지 말고요. 지금 자신이 좋아하는 대상의 역사를 다룬 책을 골라 보세요. 저를 믿고, 딱 세 번만 더 만나, 아니 세 권만 읽어 보세요. 하하.

{ 2 }

일단 한 권을 끝까지 읽어 보자

앞서 말한 방법으로 역사책을 한 권 골랐다고 해 봅시다. 내가 관심 있는 대상을 다룬 역사책이에요. 좋아하면 더 알고 싶어지는 법이니, 이 책이라면 재미있게 읽을 수 있겠죠? 기대만발 두근두근, 책 표지를 흐뭇하게 바라봅니다. 그런데 문제가 생겼습니다. 책을 살 때는 뿌듯하고 설렜는데, 이 책만 다 읽으면 이 분야에 능통한 사람이 될 것 같았는데, 선뜻 책에 손이 가지 않아요. 왜 이럴까요?

이 역시 과거의 첫인상 때문이겠죠. '역사책' 하면 재미없다는 생각부터 든다는 분이 많으니까요. 역사책은 시작하자마자 독자를 확 휘어잡는 추리소설 같은 도입부가 없는 경우가 대부분입니다. 한 나라의 역사를 시간 순서로 서술한 통사라면, 선사시대와 고대사부터 시작하니 첫 장을 읽기도 힘들죠. 그 고비를 넘겨도 좀처럼 속도가 붙지 않습니다. 소설이나 에세이와는 다른, 역사서라는 분야의 문제가 아닐까 싶어요. 소설은 인물, 사건, 배경을 소개하고 설정하는 발단 부분이 지나면, 새로운 주요 인물은 잘 등장하지 않습니다. 이미 등장한 인물들끼리 갈등하며 만드는 사건이 집중적으로 전개되죠. 역사책은 어떨까요? 통사라면 페이지가 넘어갈 때마다 새 인물이 등장하고 새 사건이 발생합니다. 쏟아져 나오는 인명과 사건명에 독자는 헷갈리기 시작하죠. 읽다 말고 앞 페이지로 돌아가 확인하기를 거듭하다 보니 읽어도 읽어도 그 자리. 몸부림칠수록 제자리인 여기는 역사라는 이름의 개미지옥. 이 단계에 이르면 역사서 읽기에 익숙하지 않은 독자는 '역시 역사책이란 끝까지 읽기 어렵구나. 재미도 없는데 그만 포기할까?' 하는 생각이 들 수 있습니다. 이런 경험을 몇 번 하고 나면, 새 역사책을 앞에 놓고도 읽기 전부터 망설이게 되죠.

이번에도 그럴 것 같으세요? 모처럼 고른 역사책인데 책장을 펼치기도 싫으신가요? 조금 읽었는데 금방 질러서 책을 덮어 버리고 싶으신가요? 그런 생각 안 하시면 좋겠어요. 학교 다닐 때 시험공부하던 식으로 역사책을 읽지 않아도 되니까요. "뭐가 달라요? 역사 사항 암기하기 싫은 건 마찬가지인데요?"라고 물으신다면 확실히 말해 두겠습니다. 다릅니다. 독서 목적이 다릅니다. 지금 우리는 시험에 대비해 역사 교과서를 세세하게 외우며 읽어야 하는 것이 아닙니다. 과제물을 제출하느라 관심 없는 책을 억지로 읽어야 하는 것도 아닙니다. 이번에는 스스로 원하는 역사책을 골라서 읽으려는 거예요. 아무도 우리의 성취도를 빨간펜 들고 평가하지 않습니다. 남의 시선이나 평가를 걱정할 필요가 없어요. 시험 날짜나 과제 제출 마감일이 정해진 것도 아니니, 빨리 읽으려고 조급해하지 않아도 됩니다. 역사책과 천천히 알아 가는 사이가 되기로 해요.

좋은 역사책을 추천받거나 흥미로운 역사책을 발견해서 모처럼 읽어 보려 해도 진도가 안 나가나요? 사람 이름부터 마구 헷갈리나요? 책장이 신나게 넘어가지 않으니 짜증이 솟아 그만 읽고 싶어지나요? 네, 그럴 수 있죠. 외국인, 특히 러시아 사람 이름이 나올 때면 자꾸만 앞 페이지를 다시 들춰 보며 '가가 가가?'('그 사람이 그 사람인가?'란 뜻의 경상도 방언입니다)를 거듭 외치게 되죠. 그거 아세요? '이반 집안의 이반의 아들인 이반'은 '이반 이바노비치 이바노프'라는 사실. 하하. 일본 사람 이름도 긴 편이라 머리에 잘 안 들어오죠. 어쩔 수 없습니다. 호랑이는 죽어서 가죽을 남기고 사람은 죽어서 이름을 남기니까요. 시간이 흐를수록 역사에 이름을 남긴 사람들은 점점 많아질 수밖에 없습니다. 현실입니다. 인명 쉽게 외우는 비결은 없으니 그만 포기하기로 해요.

포기는 해도 방법은 있습니다. 이름이 익숙하지 않아서 책장이 안 넘어갈 때는 한 음절씩 정확히 읽지 말고 그냥 슬렁슬렁 넘어가시면 됩니다. 응, 가가 또 나왔네, 기억 안 나지만 뭔가 중요한 일을 계속 했나 보네. 흠, 성이 '이바노프'인 사람이 또 나왔네, 아까 가랑 같은 '이반' 집안 사람인가 보네. 어라? 이 일본 장군은 이름을 또 바꿨네? 원래 이름도 아직 못 외웠는데… 그냥 지나치고 다음 장을 읽어 보자. 이렇게 말입니다.

네, 그냥 죽죽 읽어 버려요. 모든 인명, 지명, 연도를 나오는 즉시 다 외우려 하거나 사건의 흐름을 한눈에 파악하려 하지 마세요. 모르는 내용이 나와도 그냥 읽고 지나쳐요. 우리는 시험 앞두고 벼락치기하는 학생이 아닙니다. 내일은 시험 보는 날도 과제물 마감 날도 아닙니다. 오직, 읽기를 멈추지 말아요. 리듬에, 아니 흐름에 몸을, 아니 시선을 맡겨요. 성경 읽을 때도 마태복음 첫머리인 1장 1절에서 16절까지의 '아브라함이 이삭을 낳고 이삭은 야곱을 낳고 야곱은 유다와 그의 형제들을 낳고, 낳고, 낳고…' 부분에 질려서 포기해버리면 예수님의 좋은 말씀을 만나 은혜 받을 수 없는 법 아닙니까.

그저 살다 보니 역사 공부를 해 보고 싶은 생각이 들어서, 독서가 취미인데 올해부터는 역사책을 읽어 보려고 결심해서, 해외여행이나 출장을 앞두고 방문할 나라의 역사와 문화를 알아보려고, 혹은 아무 목적 없이 역사책을 즐겁게 읽어 보고 싶어졌다면, 우리 편하게 마음먹기로 해요. 프랑스 왕가에 무려 18명이나 루이 왕이 있었던 것은 우리 탓이 아니잖아요. 일본 에도 막부의 쇼군 15명 중 11명이나 이름이 '이에○○'였던 것도 우리 탓이 아니잖아요. 인물 이름 같은 것은 조금 헷갈려도 괜찮습니다. 그다지 중요하지 않아요.

중요한 것은, 역사를 부담스러워했던 당신이 지금 역사책을 읽어 볼 생각을 스스로 했다는 사실 아닐까요. 그러니 걱정 없습니다. 찾는 자에게는 안 보였던 길이 보입니다. 물론 그 길의 입구는 수많은 편견에 가로막혀 있지만, 인간의 편견이란 살아오는 동안 쌓인 경험과 사회의 영향으로 형성된 것 아닙니까. 이번에 다른 경험을 해 보면 좋은 기억을 만들어 그 편견에서 벗어날 수 있어요. 바로 한 권 완독의 경험!

자, 이번에는 고른 책을 끝까지 읽어 보기로 해요. 시리즈 드라마를 볼 때 초반 빌드업 과정이 지루하다고 시청을 포기하면 이후의 절정과 결말을 못 보게 되잖아요? 역사책도 그렇거든요. 끝까지 가 봐야 합니다. 특히 역사책을 처음 읽는 독자라면, 한 권을 끝까지 읽는 '통독 경험 자체를 경험'해 보는 것이 필요합니다.

역사책 읽기를 통해 인생 2회 차 산 사람의 지혜를 얻고 싶으신가요? 2회 차 인생을 살려면 일단 1회 차를 살아 봐야 합니다. 책도 마찬가지입니다. 일단 1독을 해야 합니다. 읽다가 지겨워도, 인명 지명 사건명 헷갈려도, 너무 신경 쓰지 말고 흐름 위주로 설렁설렁 통독해내세요. 이 경험을 바탕으로 독서 근육을 키우면 다음번은 좀 더 쉬워집니다.

주의. 약자 집단을 희화화하는 등 이상한 가치관으로 쓴 책은 읽다가 중간에 덮어도 됩니다. 소개팅 첫 만남부터 예의 없게 구는 상대는 세 번이나 만나 볼 필요도 없는 것처럼요. 우리의 시간은 우리의 생명이니까 아무에게나 내어 줄 수 없죠.

{ 3 }

세계사 통사, 큰 범위의 지역사를 거쳐 각국사 순서로 읽자

좋아하는 대상을 다룬 역사책을 골라 끝까지 읽으셨다고요? 슬렁슬렁 읽었지만 한 권 전체를 다 읽어 보기는 처음이라고요? 드디어 역사서 완독의 경험을 하셨군요. 축하합니다. 익숙하지 않은 분야를 읽기 시작해 처음으로 끝까지 읽어 냈을 때의 뿌듯함은 이루 말할 수 없죠. 완독을 해야만 전체의 주제도 만날 수 있고요.

전체의 주제라… 혹시 '소설도 아닌 역사책에 주제라니?' 하는 생각이 드세요? 역사책은 있는 사실을 객관적으로 나열하므로 별다른 주제가 없다고 생각하기 쉬운데, 그렇지 않습니다. 역사책에도 주제가 있습니다. 저자는 역사적 사실 중에서 본인이 말하고 싶은 바,

즉 주제를 향해 사료를 취사선택하고 배열하고 사건에 의미를 부여하여 서술합니다. 좋은 역사책일수록 이 과정이 굉장히 일관성 있고 통일성 있게 진행되지요.

음, 어떤 책을 예로 들어 볼까요. 우리에게 친숙한 음식에 대한 책이 좋겠네요. 마침 이 글을 쓰고 있는 즈음 『무빙』이라는 드라마에 돈가스가 많이 등장하네요. 『돈가스의 탄생』을 소개합니다. 이 책은 요리책이 아니기에 '돈가스는 돼지고기에 밀가루와 달걀물을 묻히고 빵가루를 입혀 기름에 튀겨서 만든다'와 같은 내용은 다루지 않습니다. 일본에서 돈가스라는 요리법이 탄생한 역사를 서술합니다. 저자에 의하면, 메이지 유신은 '요리유신'이라 불릴 만큼 일본 음식 문화에 혁명적 변화를 일으켰다고 합니다. 돈가스 요리법은 육식 해금령 이후 육식에 대한 거부감을 떨치기 위해 일본인들이 서양식 요리법을 받아들이면서 탄생했다네요. 부족한 고기의 양을 불려 먹기 위해 두툼하게 튀김옷을 입혀 돈가스로 만들었다고 설명하는 여느 책과는 다르지요. 이 책은 서양에서 전해진 근대문명을 자신들의 실정에 맞게 받아들이려고 고심한 일본인의 노력과 열정에 중점을 두고 있거든요. 네, 일본식 돈가스가 만들어진 시시콜콜한 과정을 추적하여 저자는 끝내

이 말을 하고 싶었던 겁니다. '근대 일본인들의 문명개화를 향한 열정.' 이를 세상에 알리는 것이 저자의 집필 목적입니다. 독자는 책을 끝까지 읽고 나서야 이 주제를 이해하게 되지요. 그러니 중간에 단팥빵 이야기 나올 때 '돈가스의 탄생이라며? 왜 이렇게 자꾸 옆으로 새는 거야?'라고 생각해 읽다가 포기해서는 안 됩니다. 카레, 고로케, 단팥빵 역시 일본식 양식 조리법입니다. 일본인의 모방과 창조의 사례로서 주제를 뒷받침해 주지요.

역사 지식이 별로 없는 독자가 이 책을 골랐다고 칩시다. 완독을 위해 '에도막부'니 '메이지유신'이니 잘 모르는 말이 나와도 슬렁슬렁 지나쳤습니다. '후쿠자와 유키치'도 굉장한 소고기 애호가였다고 나오는데, 누구인지 모르지만 책을 읽다 말고 검색하지 않았습니다. 오로지 읽는 흐름을 방해받지 않기 위해 죽죽 읽어 나갔지요. 그리하여 완독에 성공하고 책 전체를 관통하는 주제를 만났습니다. 이제는 다른 궁금증이 생길 겁니다. 1200여 년에 걸친 육식 금지령을 철회하고 고기 먹기를 통해 일본이 '문명개화 탈아입구'를 이룰 것을 말하는 그 대목에서 저자는 왜 굳이 '후쿠자와 유키치'의 예를 들었을까? 과연 그는 어떤 인물일까? 이런 식으로 읽을 때는 지나쳤어도 다 읽고 나면 일어나는 새로운 의욕이 있답니다. 이 단계에 이르면 '메이지유신'이나 '후쿠자와 유키치'가 이전보다 궁금해지고 더 찾아 읽고 싶어지죠. 네, 연달아 역사책을 읽을 결심을 하게 된 겁니다. '그럼 다음에는 일본사 읽을까?'

이제 때가 되었다고 생각하실 겁니다. 일반적으로 말하는 '각국사'를 읽을 때가. 관심 있는 대상을 다루는 대중적인 역사책을 한 권 읽고 나면 역사서 독서에 큰 거부감은 없어질 터이니 본격적으로 각국사를 읽기 딱 좋을 때죠. 해외여행이나 출장을 앞두고 있다면 처음부터 통사식으로 구성된 한 나라의 역사책을 읽을 생각이 들 수도 있겠지요. 그러나 잠깐, 역사서 읽기 초보 단계라면, 처음부터 각 나라별로 서술된 역사책을 읽는 것을 저는 권하지 않습니다. 프랑스, 독일, 이탈리아 등 유럽권 나라라면 더더욱이요.

특별히 관심 있는 나라가 있더라도, 세계사 통사와 큰 범위의 지역사를 읽은 다음에 본격적으로 각국사를 읽는 편이 좋습니다. 독일 역사가 궁금하더라도 '독일사'라고 나온 책부터 덥석 읽지 말고, 세계사를 읽고, 유럽사를 읽고, 그다음에 비로소 독일사를 읽어 보는 거죠. 한 나라의 특정 시대가 궁금해도 마찬가지입니다. 앞서 예로 든 『돈가스의 탄생』에서 다룬 시대를 집중적으로 알고 싶다면, 먼저 동아시아사를 읽고 그다음 일본사를 읽고 나서 메이지 시대사를 읽는 겁니다.

말하자면 지도 보는 방법과 같습니다. 처음 여행가는 지역을 인터넷에서 찾아볼 때 어떻게 하나요? 예약할 숙소의 이름이나 주소를 지도 검색창에 넣어 봅니다. 그 결과 나온 지도는 대축척 지도입니다. 좁은 지역을 자세히 표시한 지도지요. 이럴 때 우리는 화면 속 지도 한 귀퉁이에 있는 (-) 표시를 여러 번 눌러서, 넓은 지역을 간략하게 표현한 소축척 지도로 바꿉니다. 그 지역 전체를 보기 위해서죠. 그래야 그 숙소가 내가 가고 싶은 산이나 해변에서 얼마나 떨어져 있는지, 어떤 교통수단으로 접근해야 편할지를 알 수 있습니다. 그다음에 (+) 표시를 계속 눌러 다시 대축척 지도로 만든 후, 걸어서 갈 수 있는 거리에 편의점이 있는지, 가까이에 맛있는 식당이나 전망 좋은 카페가 있는지 등을 세세히 찾아보게 되지요.

네, 이런 방법입니다. 한 나라의 역사를 알아볼 때도, 먼저 큰 범위로 접근하고 점점 범위를 좁혀 가며 읽는 거죠. 그러면 궁금했던 그 나라 그 시대 역사의 전체적인 흐름과 이웃한 나라들과의 관계를 대략 파악할 수 있습니다. 덕분에 본격적으로 깊이 들어가기 전에 한 나라의 역사를 입체적으로 이해할 바탕이 마련되지요. 처음부터 각국사를 읽으면 배경지식을 미처 갖추지 않은 상태에서 너무 세세한 서술을 만나게 되어 읽다가 포기하기 쉽거든요.

"그럼 시간이 너무 많이 걸려요. 저는 독일이 궁금한데, 바로 독일사 읽으면 한 권만 읽으면 되지만 세계사 통사 읽고 유럽사 읽고 독일사 읽으면 세 권이나 읽어야 하는데요?" 이런 생각을 하실 수 있겠습니다. 아닙니다. 결과적으로 보면 시간이 절약됩니다. 현재의 독일은 1871년 프로이센의 통일로 성립했습니다. 그렇다고 그 이전까지 독일어권 지역에 아무 나라도 없었고 아무 역사도 없었던 것은 아니죠. 신성로마제국과 왕, 영주 들이 다스리는 크고 작은 나라들이 있었습니다. 1648년에 30년 전쟁이 끝난 직후에는 300여개의 영방국과 1500여개의 기사령을 합하여 1800여 개의 독립 정권으로 나뉘어 있었죠. 이 나라들은 영방 내는 물론 유럽의 다른 나라들과도 혼인과 전쟁 등으로 깊게 얽혀 있었습니다. 물론 독일사만 다룬 책에서도 이러한 근대 이전 독일사를 서술합니다. 그러나 이 시기의 역사는 딱 잘라 독일사로 보기보다 주변국과의 관계와 함께 전체 유럽사의 흐름에서 파악하는 편이 더 쉽습니다. 각국사로 쓰인 독일사에는 아무래도 주변국들은 간단하게만 서술되어 있으니까요. 그러니 독일사만 궁금해도 유럽사를 한 번 읽고 나서 독일사를 읽는 편이 더 효과적입니다.

특히 일본사는 이 방법으로 읽어야 합니다. 동아시아사를 먼저 읽은 다음에 일본사로 들어가는 편이 좋습니다. 오키나와를 예로 들면, 일본사로 읽으면 메이지유신 이후 폐번치현되면서 자연스럽게 일본의 현이 된 것처럼 착각할 수 있습니다. 이거 위험하죠. 그런데 동아시아사를 읽고 나면 독립왕국이었던 류큐국이 어떤 과정으로 오키나와 현이 되었는지를 더 자세히 알 수 있습니다. 또 일본의 류큐국 침략과 지배가 큰 시각으로 보면 한중일 3국의 국제전이었던 임진전쟁의 연장선이라는 사실도 깨닫게 됩니다. 이렇게, 세계사와 큰 범위의 지역사를 거쳐 각국사를 읽으면 시야가 확 넓어집니다. 몰랐던 부분을 알게 됩니다. 아, 앞에서 '임진전쟁'은 '임진왜란'을 말합니다. '삼포왜란'처럼 국지적으로 왜구가 난동을 부린 사건이 아니고 동아시아 3국의 정부군이 참전해 7년간 벌어진 국제전쟁이므로 '난'이 아니라 '전쟁'으로 칭하는 것이 학술용어로 맞다고 저는 생각합니다. '임진왜란'이란 용어에는 한국에서 오랫동안 쓰인 역사성도 있고 전쟁의 책임이 일본에 있다는 것을 명시해 주는 의의도 있지만, 국제적으로 통용될 수 있는 보다 중립적인 용어가 필요합니다. 그래서 이 책에서는 '임진왜란'을 '임진전쟁'으로 표기합니다.

대중적인 역사서로 완독을 경험한 후에 본격적으로 한 나라를 다루는 역사책이 읽고 싶어졌다면, 세계사 통사를 읽고 나서 동양사, 동아시아사, 동남아시아사, 유럽사를 읽고, 그다음 중국사, 일본사, 베트남사, 태국사, 영국사, 프랑스사, 독일사, 미국사 등등 각국사에 도전해 보아요. 어느 한 나라의 역사만 궁금하더라도, 지도를 볼 때처럼 세계사의 큰 흐름에서 그 나라의 위치를 확인한 후 다시 접근해 보아요. 독자 본인의 세계가 확장되는 실질적인 이익과 함께 은근 도장 깨는 재미도 있답니다.

{ 4 }

까먹는 속도보다 더 빠르게 반복하자

"역사책은 읽어도 내용이 잘 기억나지 않아요. 그래서 사건의 흐름과 인과 관계 파악이 어렵습니다. 좋은 방법이 없을까요?" 강연 가면 자주 받는 질문입니다. 네, 그러시군요. 반갑습니다. 저도 그래요. 한국사로 예를 들자면, 삼국시대에서 읽은 세세한 내용은 다음 고려시대 읽을 때면 흐릿해집니다. 조선시대 읽을 즈음이면 거의 잊습니다. 책 한 권 읽고 나면, 마음은 보람으로 가득 차 있지만 제 기억은 반쯤만 차 있죠. 그나마 우리나라 역사는 익숙해서 괜찮은 편이지요. 다른 나라 역사책을 읽은 후 독서일지를 기록해 두려고 가물가물한 기억을 떠올려 쓰다 보면, 어머나, 역사왜곡은 제가 하고 있네요?

슬프지만 읽은 내용을 다 기억하는 방법은 없습니다. 읽고도 기억 못 하는 것, 당연합니다. 그게 인간입니다. 직접 겪은 본인의 역사도 잊는 마당에, 책으로 간접 경험한 역사를 다 기억하지 못하는 것은 자연스러운 일 아닐까요. 괜찮습니다. 이 정도 어려움을 극복하지 못해서 역사책 읽기를 포기하지 말아요.

포기해야 할 것은 따로 있습니다. 바로, 책 한 권을 읽고 그 분야에 통달한 사람이 되고 싶다는 그릇된 야망입니다. 이미 알고 계시죠? 공부에는 왕도가 없다는 것을. 한 걸음씩 꾸준히 나아가면 언젠가는 목적지에 도달하리라 믿고, 한 권씩 꾸준히 읽어 가는 방법이 최선입니다.

어떤 나라에 대한 역사책을 한 권 읽었는데 내용이 기억나지 않는다고요? 그러면 두세 권 읽으면 됩니다. 두세 권 읽어도 알쏭달쏭하다고요? 네댓 권 읽으면 됩니다. 네댓 권 읽어도 가물가물하다면 예닐곱 권 읽으면 됩니다. 말장난 같은가요? 제가 평소 하고 있는 비법입니다. 이 책을 읽고 계신 독자님께 특별히 알려 드릴게요. 두둥! 까먹는 속도보다 더 빠르게 반복하기법!

시험공부하던 방법을 떠올려 보세요. 학교 내신 대

비든, 수능 시험이든, 입사나 승진, 자격증 시험이든 외국어 등급 취득 시험이든 다 같습니다. 공부한 내용을 확인하려면 문제집을 풉니다. 한 권을 마치고 나면 다른 문제집을 또 사서 또 풀고요. 이 과정을 거듭해서 시험 전날까지 최대한 많은 문제집을 풀어 봅니다. 완벽하게 공부하기 위해서였죠. 책을 바꿔 가며 반복 학습하면 부족한 부분을 계속 체크하여 보강할 수 있으니까요.

두둥! 각국사를 읽을 때도 저는 이 방법을 씁니다. 잊을 틈을 주지 않고 까먹는 속도보다 빠르게 반복하는 거죠. 익숙하지 않은 나라의 통사를 처음 읽으면 모든 내용이 새롭습니다. 기본 역사 흐름을 익히는 데에 오랜 시간이 걸리고, 읽고 나서도 세부 사항을 자꾸 잊게 됩니다. 이 경우 저는 억지로 외우려 하지 않습니다. 외워야 이해되는 분야가 있고, 흐름을 이해하고 나면 저절로 외워지는 분야가 있으니까요. 역사는 흐름을 이해해야 외워지는 분야입니다. 흐름을 자연스럽게 이해하려면 반복이 최고죠.

그렇다고 처음에 읽은 책 한 권만 계속 읽지는 않습니다. 다른 책으로 바꿔서 그 나라 역사를 반복해 읽습니다. 제 머리는 신기하게도 읽은 책의 내용은 기억하지 못해도 같은 책을 또 읽으면 지겹더라고요. 하하.

책을 바꾸어서 반복하는 이유는 더 있습니다. 저는 기초를 공부하는 단계에서, 한 책이 저에게 너무 큰 영향을 미치게 두고 싶지 않습니다. 아직 잘 모르는 상황인데 그 책의 저자가 구성하고 배치하고 의미를 부여한 역사에만 익숙해지는 것을 우려해서지요. 반복하더라도 여러 저자가 다른 시각으로 접근하는 책들로 교체해 읽어야 합니다. 같은 프랑스사라도 프랑스인이 쓴 책과 영국인이 쓴 책은 백년전쟁이나 나폴레옹 전쟁을 다르게 서술하거든요. 말하자면, 책을 골고루 먹여 나를 키운다고나 할까요?

음식 먹기나 책 읽기나 나에게 무언가를 공급한다는 점에서 비슷합니다. 우리는 '먹고 돌아서면 배고픈데 왜 먹지? 먹으면 응가로 나가 다 사라지는데 쓸데없어. 장 보고 요리하느라 시간 낭비 돈 낭비 아냐?'라고 생각하지 않습니다. 우리가 먹은 음식은 그냥 다 사라지는 것이 아니죠. 소화 과정을 통해 내 몸에 영양을 공급해 나를 생존하고 활동하게 해 주죠. 우리가 읽은 책도 마찬가지라고 저는 믿습니다. 읽고 돌아서면 다 잊은 것 같아도 완전히 내게서 사라지는 것이 아니라고, 내 머리 내 마음 어딘가에 남아 나에게 영향을 주고 있다고 말입니다. 다만 아직은 내가 읽은 분야의 지식이 본격적으로 사용할 만큼 안 찼을 뿐이지요. 영양소도 하루 권장 섭취량에 못 미치면 미량의 차이로 결핍증을 일으키잖아요. 책 읽기도 그렇습니다. 어느 정도 쌓여야 제대로 내 지식으로 기능할 수 있습니다. 그 과정이 지겨워도 어느 수준까지는 반복학습을 해 주어야 해요. 어떻게? 두둥! 까먹는 속도보다 더 빠르게!

책의 내용이 나의 뇌를 스치고 지나가도 슬퍼하거나 노하지 마세요. 반복하다 보면 세세한 것은 잊더라도 큰 흐름은 제대로 기억하게 됩니다. 세부사항 역시 그런 내용 자체를 아예 모르는 것이 아니라 '내가 읽었는데 잊었구나'라는 사실은 기억하게 되죠. 이 정도면 성공이니 계속 반복합시다. 점점 아는 것이 많이 나와서 읽는 속도도 빨라지고 재미가 붙을 거예요. 그러면 저절로 흐름이 파악되고 사건의 전후 관계가 연결됩니다. 이 단계에 이르면 전에는 완독을 위해서 대강 읽던 부분까지 꼼꼼하게 읽게 되죠. 그 결과 기억나는 부분이 점점 더 많아집니다. 어느덧 관심 있는 역사적 사건이 발생한 순서와 연대는 줄줄 외우는데 내 집 현관 비밀번호는 기억을 못하는 인간이 되었다고요? 환영합니다. 역덕(역사 덕후)이 되셨습니다. 두둥!

여기까지 이르는 과정은 사람마다 다릅니다. 재미를 느껴서 저절로 외워지는 분야도 각각 다르지요. 결국 반복할수록 알게 되는 것은 그 나라 그 분야의 역사뿐만이 아닙니다. '나 자신'도 알게 됩니다. 내가 어떤 사건의 전개에 관심을 갖고 재미있어하는 인간인지, 어떤 인물이나 집단에 특별히 감정이입하는 인간인지 말이에요. 이렇게 새로운 분야를 공부하고 알아 가는 과정은 나 자신을 새롭게 알아 가는 과정이기도 하기에 더욱 즐겁습니다.

{ 5 }

수준에 맞는 책 고르는 법

모든 배움에는 단계가 있고 단계에 따라 갖추어야 할 장비가 있습니다. 뭔가 운동을 시작할 때 장비부터 잔뜩 장만하는 경우가 꽤 있는데 많은 경우 그럴 필요가 없습니다. 초보자용 장비와 상급자나 전문가용 장비가 다르기 때문이지요. 저는 발레를 했는데, 처음부터 토슈즈를 준비하지 않아도 되더라고요. 기초반에서는 덧버선 같은 연습 슈즈를 신고 배웁니다. 훈련이 되어 발목에 힘이 생기면 원장님 허락받고 레벨 업하여 토슈즈 반에 들어갑니다. 그때부터 토슈즈를 신고 연습합니다. 토슈즈에 대한 로망 때문에 무작정 사 신고 집 마루에서 뛰다가는 다칩니다. 제 이야기 아닙니다. 저는 예쁜 발레복만 미리 사 두었거든요. 흠흠.

헬스장에 처음 등록했을 때도 생각나네요. 트레이너 선생님이 제게 운동 이력을 물어보더니, 옆에 있는 기구에서 중량 원판을 한 개만 놔두고 다 뺐습니다. 그러고 나서 들어 보라 하더군요. 이렇듯 기구 운동할 때는 대뜸 무거운 중량을 들지 않습니다. 근력 상태를 봐 가며 조금 버거울 정도로만 중량을 더하지 갑자기 많은 원판을 얹어 부담 주지 않습니다. 근력이 턱없이 부족하다면 원판을 얹기는커녕, 빈 틀만 들게 하지요. 이번에는 제 이야기입니다. 저는 빈 틀도 부들부들 떨면서 겨우 들었… 그런 저를 보고도 트레이너 선생님은 웃지 않고 진지하게 지도해 주셨죠.

네, 지금 저도 진지합니다. 뇌를 쓰는 책도 몸을 쓰는 장비처럼 레벨에 맞게 골라야 한다는 말을 하려 하거든요. 저는 생각합니다. 책도 자기 수준에 맞게 골라 단계적으로 읽어야 효율적이라고, 그래야 뇌에 제대로 근육이 붙는다고요.

단계적으로 중량을 늘려서 레벨에 맞게 책을 골라 읽는 방법이란 어떤 것일까요? 여기서 잠깐, 고교 시절에 영어 선생님께 배웠던 독해집 고르는 방법을 말씀드리겠습니다. 서점에 갑니다. 영어 학습서 코너에서 영문 독해 문제집 시리즈 중 한 권을 뽑아 봅니다. 선채로 읽으면서 한 지문 안에 모르는 단어가 몇 개 나오는지 세어 봅니다. 다섯 개 정도면 그 책을 삽니다. 열 개 이상 나와서 읽다가 자꾸 멈추게 된다면, 지금 내 수준에 어려운 책이니 사지 않습니다. 그렇게 산 문제집의 지문을 독해하고 문제를 풀고 모르는 단어는 외웁니다. 다 풀면 다시 서점에 갑니다. 전에 샀던 시리즈에서 레벨 업하며 다음 단계의 책을 사 옵니다. 또 독해하고 문제 풀고 단어 외우고, 한 권 마치면 레벨 업. 선생님은 말씀하셨죠. 이 방법으로 꾸준히 하면 자연스레 실력이 느니까, 대뜸 전교 1등 짝꿍이 보는 문제집을 사서 풀다가 포기하지 말라고.

그때 외웠던 영어 단어는 많이 잊었지만, 선생님께서 알려 주신 이 방법은 아직도 제 기억에 남아 있습니다. 역사책을 읽을 때도 같은 방법을 쓰고 있을 정도죠. 저는 모르는 지역, 나라, 분야의 역사 공부를 시작할 때에는 영어 독해 공부할 때처럼 단계적으로 접근합니다. 즉, 쉬운 책에서 시작하여 점차 내용이 더 풍부한 책으로 레벨 업하며 반복하는 것이지요.

수준에 맞는 책을 고르는 방법은 자신의 수준을 정확히 파악하는 것에서 시작합니다. 저는 역사책 입문자에게는 처음부터 두껍고 어려운 책으로 시작하는 것을 권하지 않습니다. 초보 독자 단계에서는 전체 흐름을 빨리 파악하는 것이 중요한데, 모르는 내용이 많은 두꺼운 책을 천천히 읽다 보면 뒷부분 읽다가 앞부분을 잊고 마는 문제가 생기거든요. 까먹는 속도보다 더 빠르게 반복하기가 힘듭니다. 이럴 때는 어린이 혹은 청소년용으로 나온 얇은 책을 읽어서 얼른 전체 틀을 잡으면 편합니다. 성인 독자라도요. 이 방법으로 기본적인 배경지식을 갖춘 후에 레벨 업, 성인용 대중 역사서를 읽은 후 더 전문적인 역사서나 두꺼운 대학 교재를 읽는 거지요. '그렇게까지 할 필요가 있을까? 시간 낭비 아냐?' 싶을 수도 있겠지만, 그렇지 않습니다. 모르는 분야인데 대뜸 벽돌책부터 읽다가 포기한 후, 보다 쉬운 책으로 여러 권 읽고 다시 벽돌책을 읽으면 시간을 더 많이 쓰게 되니까요. 네, 이번에도 제 이야기입니다.

스스로 생각하기에 역사 초보라면, 어린이 역사 전집을 활용해 세계사를 빠르게 한 번 훑어보는 것도 좋습니다. 웅진다책에서 나온 전체 40권 『타임캡슐 세계역사』 시리즈는 미국, 몽골제국 같은 식으로 국가를 다루기도 하고, 산업혁명, 제국주의 같은 식으로 주제를 다루기도 해서 기초 공부에 알맞습니다. 휴먼어린이에서 나온 『나의 첫 세계사 여행』 시리즈도 괜찮습니다. 이 글을 쓰고 있는 현재 '유럽, 아메리카' '중국, 일본' '인도, 동남아시아' '서아시아, 아프리카'까지 4권이 나와 있습니다. 한 나라씩 다루지 않고 큰 범위에서 지역별로 묶어 서술하기에 각국사 독서에 본격적으로 들어가기 전 단계에 읽으면 좋습니다. 아카넷주니어에서 나온 전체 10권 『실크로드로 배우는 세계 역사』 시리즈도 추천합니다.

참, 어린이용 책을 권하면 자신을 무시한다고 화내거나 언짢아하시는 분이 이따금 계시는데, 제가 그럴리가요. 저도 어린이 책 즐겨 읽는걸요. 예컨대 소화가 잘 안 되는 상황이라면 성인이라도 스테이크가 아니라 고기를 갈아 만든 죽을 먹어야 하잖아요. 나는 성인인데 왜 아기 취급하여 이유식을 주냐고 화낼 필요가 없어요. 모든 배움의 레벨에 무슨 장유유서가 있겠습니까? 그저 자신에게 적합한 단계를 선택해서 반복 또 반복할 따름이지요.

다른 이야기인데, 저는 어떤 분야의 초보자 혹은 경험 없는 사람을 '○린이'라고 표현하는 것을 매우 싫어합니다. 그 분야에 경험이 없는 것과 나이가 어린 것은 다르니까요. 김연아 선수가 10살일 때를 생각해 보세요. 세 배, 네 배 나이 많은 보통 어른들보다 스케이팅 능력이 훨씬 뛰어났죠. 그러니까, 어린이 책을 유치하고 별 내용 없다고 생각하는 것은 편견입니다. 요즘 어린이 역사책, 훌륭한 기획 아래 잘 고증되어 나옵니다. 예상 독자들에게 기초 학습을 제대로 시키려는 목적으로 핵심사항을 추려 쉽게 서술했기에 나이를 불문하고 아직 배경지식이 부족한 단계에 있는 독자가 읽기 좋습니다. 삽화와 사진, 연표 등 시각자료가 많은 것도 큰 매력이죠.

특히 서양사의 경우, 서구권에서 출간된 어린이 역사책 번역서를 눈여겨봐 주세요. 알찬 책이 참 많습니다. 그 나라에서 자기 나라 아이들 보라고 자기네 역사책을 만든 것이니 오죽 정성을 쏟았겠습니까? 책에 실린 삽화를 보면 고증이 충실하고 섬세해서 눈이 즐겁습니다. 어느 역사 그림책에서는 중세 성 장면에서 화장실 붙어 있는 쪽 성벽 색깔을 해자까지 수직으로 누렇게 칠한 것을 보고 얼마나 감탄했는지 모릅니다. 성벽 색이 왜 그쪽만 누렇게 변했을까요? 네, 누구나 다 상상 가능한 그 이유 때문이랍니다.

학습만화는 어떻냐고요? 저는 학습만화는 즐겨 보

지 않습니다. 시각적으로 피곤해서 그렇습니다. 정보를 전달하는 문장 외에 흥미를 돋우는 추임새 역할을 하는 대사까지 다 읽어야 하니까요. 문자에 예민한 성격이라, 일부러 말풍선을 안 보고 지나칠 수는 없더라고요. 그러다 보니 들이는 시간에 비해 얻는 정보량이 적어서 비효율적인 느낌이에요. 하지만 학습만화 스타일이 좋으신 분은 초보 독서 단계에서 활용해 보시는 것도 좋습니다. 글작가 팀을 따로 꾸리고 전문가의 감수를 받아 기초 공부하기 좋게 잘 만든 역사 학습만화 시리즈가 많이 나와 있습니다. 학습만화만 읽고 말아서 문제이지 학습만화라는 책 자체가 문제는 아니라고 생각합니다.

네, 까먹는 속도보다 더 빠르게 역사를 반복 학습할 때는 본인 수준에 맞는 책을 골라 단계적으로 레벨 업하며 읽으세요. 좋은 어린이·청소년 역사책을 적극 활용해 보세요. 이 방법을 거듭하다 보면, 이 나라 혹은 이 분야 역사의 권위자도 저절로 알게 됩니다. 어린이 책이든 성인 책이든, 저자나 감수자 이름에 계속 나오니까요. 추천사는 물론, 참고문헌 페이지에도 자주 등장하죠. 그때마다 어린 시절 은사님을 만난 듯이 반갑게 인사한 후 그분들 책이나 논문을 더 찾아 읽어 봅시다.

{ 6 }

도서관을 효율적으로 이용하자

책 좋아하는 사람이라면 누구나 간직한 로망이 있습니다. 천장까지 책이 빽빽이 들어찬 근사한 서재를 갖고 싶다는 로망. 그 책들을 다 읽었느냐 아니냐는 중요하지 않습니다. 책장에 꽂힌 책등을 바라보기만 해도 행복하니까요. 역사적으로 봐도 책은 부의 과시 겸 인테리어 용도였죠. 대중 출판의 시대가 열려 문고본 서적이 등장하기 전까지는 말이에요. 말하자면 책이란 비싼 벽지 아닙니까. 책이 가득한 방은 주차장이기도 해요. 이 책을 펼쳐 올라타면, 아니 읽으면 어느 시대 어느 지역이나 찾아갈 수 있으니까요. 역덕의 책장에는 책이 아니라 플라잉 매직 카펫이나 타임머신이 꽂혀 있다고나 할까요.

저야 읽고 쓰는 직업을 가진 사람이니, 생활비 아껴서 책 사는 것이 당연한 삶을 살고 있습니다. 하지만 다른 분들 입장에서 생각해 보면, 책을 맘껏 구입하기에는 조금 어려움이 있다고 생각합니다. 책 구입비라든가 책이 차지하는 공간 문제라든가요. 네, 읽고 싶고 갖고 싶은 책을 다 사는 것은 여러모로 부담스러운 일입니다.

작가인 제 입장에서야 독자님들이 책을 많이 사 주셔야 인세 수입이 늘어나지만, 현실은 현실. 이상은 이상. 그러나 인세 수입은 인세 수입이니까 도서관을 이용하시되 좋은 책, 필요한 책은 꼭 사서 읽어 달라고 부탁드리고 싶네요. 사실 역사 분야 책은 도서관에서 대출해서 한 번만 읽기가 어렵습니다. 옆에 두고 있다가 다른 책 읽을 때 궁금한 부분을 다시 찾아 읽어야 하니까요. 또 같은 책을 여러 번 읽어야 할 때도 있거든요. 도서관에서 빌린 책은 깨끗하게 눈으로만 통독해야 하는데, 이것도 쉽지 않습니다. 본격적으로 공부하면서 읽는 통사류 역사책은 시험공부하듯이 줄 치고 메모해 가며 읽어야 하니까요. 이런 경우, 기본 교재로 삼아 계속 볼 책은 구입해서 꼼꼼하게 읽고, 머리 식히는 용도로 한 번 보고 말 책은 도서관에서 대출해 읽으면 됩니다.

그렇다면 내게 필요한 책, 사서 읽어야 할 책은 어떻게 고를까요? 인터넷 서점에서 책 소개와 목차를 보면 책의 내용은 어느 정도 짐작할 수 있지만, 책에 담긴 정보의 수준이나 밀도, 신뢰도 등은 짐작하기 어렵습니다. 이럴 경우 도서관이나 서점에 가서 책을 몇 페이지 읽어 보고 살지 말지 결정하면 됩니다. 그런데 바쁘게 살다 보면 도서관이나 서점에 자주 가기 어렵죠. 가까이에 도서관이나 서점이 없는 지역도 있을 테고, 외출이 쉽지 않은 분도 계실 겁니다. 내 손안에 있는 스마트폰으로 인터넷 서점에 주문하는 쪽이 편할 거예요. 그렇다면 아예 좋은 책을 알아보고 고를 수 있는 안목을 키우는 것이 장기적으로 유리합니다.

좋은 역사책을 고르는 안목은 어떻게 키울 수 있을까요? 평소에 조금씩 경험을 쌓는 방법이 정석이기는 하지만, 집중해서 도서관을 털어 보는 방법도 빠르게 안목을 키우는 데 도움이 됩니다. 시간 여유를 갖고 도서관에 가서 내 관심 분야에 어떤 책들이 있는지를 눈으로 직접 확인하는 거죠. 종합자료실의 역사 코너로 갑니다. 900번대죠. 그런 다음 읽고 싶은 분야의 책이 있는 서가 번호를 찾습니다. 동남아시아 역사라면 914번 서가에 있습니다. 서가 위치를 찾았으면 거기 꽂힌 모든 책의 책등을 훑어보며 제목과 저자, 번역가, 출판사 같은 정보를 얻습니다. 다음에는 책을 한 권씩 뽑아서 들춰 봅니다. 작가 약력, 목차와 서문을 읽어 보고, 목차에서 끌리는 부분을 골라 맛보기로 몇 쪽 읽어 봅니다. 번역서라면 맨 뒤에 실린 역자의 말을 미리 읽어 보는 것도 좋아요.

한국사, 유럽사나 중국사라면 책이 많지만, 동남아시아사나 오키나와 역사처럼 한 선반 정도 뿐인 경우도 있으니, 도서관에 있는 그 지역 그 분야 역사책들을 다 조금씩 읽어 보는 데에는 생각보다 시간이 오래 걸리지 않습니다. 책이 너무 많다면 범위를 좁혀서 털어 보세요. 한국사 말고 고려사, 이런 식으로요. 이건 방문한 도서관의 장서량에 따라 대처하면 됩니다.

이런 식으로 그 분야 서가에 있는 모든 책을 다 털어서 조금씩 읽고 나면 알고 싶었던 지역이나 시대, 국가, 주제를 다룬 역사의 기본 윤곽선이 내 머릿속에 그려집니다. 해외여행 가면 첫 코스에 전망 좋은 빌딩이나 높은 언덕을 넣곤 하죠? 대관람차를 타러 가기도 하고요. 처음 방문한 그 도시의 전체 지리를 한눈에 넣기 위해서죠. 도서관 털기에도 같은 효과가 있답니다. 이 분야에 이런 저자들이 있으며, 보통 이런 제목과 부제라면 이러이러한 내용을 책에 담는구나, 하는 것을 한눈에 크게 크게 알 수 있거든요.

한 분야의 서가 털기를 마쳤으면, 몇 권을 골라 대출해서 정독합니다. 도서관 털면서 대강 짐작했던 것과 실제 내용에 어떤 차이가 있는지를 알 수 있을 겁니다. 읽다가 내용이 좋아서 마음에 든 책은 구입합니다. 이런 과정을 반복하면 점점 안목이 키워지기 때문에 실물을 보지 않고 인터넷 서점에 올라온 정보만 읽고 구입해도 큰 실패는 하지 않게 됩니다. 기대 이하, 함량 미달인 책을 배송받을 확률이 낮아집니다.

도서관 털기의 장점은 더 있습니다. 도서관에 가서 그 분야 서가에 꽂혀 있는 책등을 훑어보는 것만으로도 시야가 넓어지는 경험을 할 수 있습니다. 인터넷 서점이나 도서관 홈페이지를 스마트폰으로 검색해서 작은 화면에 나오는 책 표지를 하나씩 넘기며 잠깐잠깐 볼 때와 다른 느낌입니다.

이외에도 도서관을 이용하면 좋은 점이 많이 있습니다. 나에게 지금 무엇이 우선인지, 내 상황에서 무엇을 아껴야 하는지를 파악하고 효율적인 방법을 찾으시면 됩니다. 도서관 오가는 시간과 에너지도 만만찮으니까요. 책을 사서 읽든 도서관에서 빌려 읽든, 정답은 없습니다. 단, 도서관을 이용해서 안목을 키우면 책을 잘못 사거나 읽다가 포기할 확률을 줄일 수 있습니다.

{7}

책을 많이 읽기만 하면 좋을까?

'남아수독오거서'男兒須讀五車書라는 말이 있습니다. 다독의 중요성을 강조한 말로 유명하죠. 당나라 시인 두보의 시에서 유래한 말인데, 저는 중학교 한문 교과서로 처음 접했습니다. 선생님께서는 '남자는 모름지기 다섯 수레의 책을 읽어야 한다'는 뜻이라고 풀이하고, 남자만이 아니라 사람은 누구나 책을 많이 읽어야 한다고 하셨죠. 궁금했습니다. 다섯 수레의 책은 몇 권이나 될까? 나는 평생 다섯 수레의 책을 읽을 수 있을까? 그만큼 책을 읽으면 얼마나 지혜로운 사람이 될까? 엄청나게 많은 책을 읽고 지혜로운 사람이 된 미래의 내 모습이라니! 가슴이 두근거렸습니다.

몇 년 후 이사를 가게 됐어요. 손수레를 빌려 제 책을 옮기면서 세어 보니 한 수레에 200여 권이 실리더군요. 오호라! 한 수레에 200권이면 200 곱하기 5는 1000이니까 오거서五車書, 즉 다섯 수레 분량의 책은 1000권이었던 것인가! 그렇다면 최소한 1000권은 읽어야 웬만큼 읽은 사람이 되는 건가? 계산을 해 보았습니다. 일주일에 2권쯤 읽는 사람이라면 1000권 정도야 10년이면 읽습니다. 성인용 책을 읽기 시작하는 나이를 15세로 잡으면, 1년에 100권 안팎을 읽으면 25세에 오거서를 읽게 되겠죠. 그 속도로 계속 읽으면 75세에는 삼십거서, 오거서의 6배나 되는 책을 읽게 됩니다. 그러면 그만큼 지혜로운 사람이 될까요?

무조건 많이 읽으리라 결심하고, 벽이 안 보일 정도로 책장으로 둘러싸인 나만의 서재를 꿈꾸던 시절이 제게 있었습니다. 살아가면서 이런저런 일을 겪고, 갈림길에서 고민하다 나아갈 방향을 선택할 때 저의 나침반이 되어 준 것은 제가 읽은 역사책이었습니다. 인생이 축구 경기라면 어느덧 후반전에 접어드는 나이, 오거서는 벌써 읽었고 책장으로 가득 찬 서재는 이미 가졌습니다. 아, 책꽂이 몇 개 넣으면 꽉 차는 작은 방이라 꿈을 쉽게 이뤘어요. 대단찮은 서재예요.

여튼, 저는 지금 지혜로운 사람이 되었을까요? 지식은 읽은 책 권수에 비례해서 늘어나겠지만 지혜도 역시 그럴까요? 지나온 길을 돌아보고 앞으로 남은 시간을 헤아려 보면서, 이제 저는 다르게 생각합니다. 읽은 책 권수나 쌓은 지식의 양은 그다지 중요하지 않다고. 그보다 본인이 읽고 배운 지식을 '어느 자리에 서서, 누구의 입장에서, 무엇을 위해' 꺼내어 사용할 것인가, 이런 점이 더 중요하다고.

야코뷔스 카피테인Jacobus Elisa Johannes Capitein이라는 18세기 인물이 있습니다. 아프리카인 노예 출신으로 최초로 목사 안수를 받고 선교사가 된 사람으로 유명하죠. 서아프리카에서 태어난 카피테인은 겨우 일고여덟 살에 네덜란드 사람에게 노예로 팔렸고 열 살에 네덜란드로 끌려갔는데요, 교육받을 기회를 얻어 레이던대학에서 신학을 공부하고 신학박사 학위를 받았습니다. 그 후 선교하러 서아프리카에 갔다가 그곳에서 사망했고요.

그런데 레이던대학에서 공부하던 1742년, 카피테인은 백인이 흑인 노예를 지배하는 것은 하느님의 뜻에 합당하다는 논문을 썼습니다. 이 대목에서 저는 너무도 착잡해집니다. 더 알아보니 그가 무조건 백인 편을 든 것은 아니었더라고요. 카피테인은 인종적 차이를 이유로 아프리카인을 노예로 삼는 것은 정당하다는 기존 유럽인들의 입장을 거부하고, 노예가 된 사람들을 공정하게 대우해야 한다고 주장했습니다. 노예제도가 옳다는 것이 아니라, 노예제도는 기독교인과 비기독교인을 가깝게 만들어 아프리카인을 개종시키는 데에 유익한 점이 있다고 했습니다. 그 시대의 신학도로서 할 만한 주장이긴 합니다. 그러나 아프리카인으로서는 과연? 많은 생각이 드네요. 좋은 의도도 일부 있었겠지만 출판된 논문은 네덜란드의 노예 상인과 노예를 부리는 농장주 들에게 큰 찬사를 받고 결과적으로 노예제를 강화하는 데 기여했으니 말이죠.

카피테인은 지배자 네덜란드인의 교육을 받으면서, 그들의 신학을 공부하고 신학 서적을 읽으면서, 순진하게도 자신이 그 백인들의 세계에 온전히 속한다고 믿고 그 세계를 수호하는 논문을 썼던 것일까요? 자신이 배운 지식과 읽은 책이 자신을 배반했다는 사실을 알고 있었을까요? 아, 조심스럽군요. 카피테인이 그런 글을 쓰는 선택을 하게 된 상황은 제가 알 수 없으니 쉽게 평가할 수 없습니다. 하지만 한 가지는 확실합니다. 그가 많이 배우고 많이 읽을수록 자신의 원래 위치에서 멀어졌으리라는 점.

자고로, 문자를 익히고 책을 쓰고 출판할 수 있는 사람들은 각 시대의 엘리트 집단에 속했습니다. 역사의 새 길을 낸 책을 쓴 아웃사이더도 있지만, 대부분의 책은 어느 정도 사회에서 인정받은 저자가 썼죠. 그렇기에 책을 많이 읽을수록 그 시대의 주류이자 그 사회 강자의 사고방식을 체득하게 될 위험이 있습니다. 특히 요즘처럼 자기계발 열기가 뜨거운 시대에 성공을 목표로 책을 읽다 보면 강자로 살아남을 행동 패턴에 호의적이 됩니다. 쉽게 말해서 물드는 거죠.

주의해야 합니다. 카피테인의 예처럼, 어려운 상황에서 많이 읽고 공부해 운 좋게 성공한 후 자신의 존재 기반을 부정하는 발언을 하여 자신의 원래 처지에 있는 사람을 배반하고, 약자와 소수자를 더 힘들게 만드는 경우가 꽤 있습니다. 상층 계급에 태어나 한 치의 의심도 없이 자신이 속한 세계의 이익을 위한 지식만 습득하고 말하고 행동하는 다독가라면 더 말할 것도 없죠. 스스로는 크게 성공하지 않았다고 생각할지라도, 우리에게는 상황에 따라 어느 면에서 상대적인 강자성이 있기 마련입니다. 이를 인식하고 있느냐 아니냐는 일상의 태도에서 드러납니다.

물론 어느 분야든 일정한 분량은 읽고 공부해야 기본기가 되는 배경지식이 생깁니다. 그러니 양이 축적되면 어느 순간 질적인 변화를 일으킨다는 양질전화라는 말을 고지식하게 믿고, 한정된 시간을 쪼개어 책을 읽어서 내 머릿속에 지식을 쌓아 두어야 합니다. 하지만 그 쌓인 양이 모두 질적 변화를 일으키진 않습니다. 사람은 익숙한 내용을 쉽고 재미있고 옳은 내용이라고 여기기 마련입니다. 책을 많이 읽어도 읽던 분야만을 읽게 되지요. 결과적으로 본인의 편견을 강화해 주는 책만 읽기 쉽습니다. 많은 책을 읽었지만 자기가 읽은 내용을 타인을 차별해도 되는 근거로 또는 개인적 이익을 지키는 데 사용하는 사람이 많은 이유 아닐까요.

소금물에 오래 절여 둔 오이일수록 짠맛이 강한 오이지가 되죠. 사람도 마찬가지라고 생각합니다. 한 방향의 책만 읽을수록 더 오래 절여져 물 빼기가 어렵습니다. 어떤 측면에서 보면, 더 진하게 물드는 것, 다름 아닌 세뇌당하는 것이라 볼 수 있습니다. 아, 제가 쓰는 '물든다' '세뇌된다' 등등의 말에 거부감이 들 수도 있겠네요. 덧붙입니다. 이건 뇌의 주 기능이 생존을 위해 에너지를 배분하는 것이라 그렇습니다. 에너지를 아끼려면 힘쓰지 않고 가만히 있어야 하잖아요. 그래서 뇌는 다른 정보를 받아들여 새로운 사고의 틀을 짜는 것을 싫어하고 현상 유지를 좋아합니다. 생각 없이 살다 보면 사는 대로 생각하게 되는 까닭이죠.

독서를 통해 자아를 확대하고 세계를 보는 시야를 넓히는 통찰력을 갖게 된다고들 합니다만, 그 능력은 독서량에 단순 비례하여 저절로 생기지 않습니다. 오거서든 오십거서든, 많이 읽어도 익숙한 책만 읽고 익숙한 방향으로만 생각하게 될 수 있으니까요. 관성의 법칙처럼 말이죠. 다독보다 중요한 것은 자신을 기존 독서 환경에서 꺼내서 다른 독서 환경에 넣으려는 의지와 노력이라고 생각합니다. 오이지를 무치기 전에 맑은 물에 담가 짠맛을 빼듯이요.

{ 8 }

세계관을 뒤집어 주는 책을 읽자

네, 책을 많이 읽을수록 오래 읽을수록 '주류' '강자'의 세계관에 더 익숙해질 가능성이 커지죠. 도자기 찻잔은 오래 쓸수록 찻물 얼룩이 점점 더 진해지는데, 사람도 그렇습니다. 흠, 신이 인간을 흙으로 빚어서 만들었다는 종교 경전과 신화도 많으니, 인간을 도자기에 비유하는 것도 괜찮네요. 계속 그 비유를 써 볼게요. 사람이라는 그릇도 뒤집어서 고여 있던 물을 버리고 바닥에 쌓인 찌꺼기를 탈탈 털어 주는 설거지 작업이 필요합니다. 말하자면 세계관 리셋이랄까요.

잠깐, 조심스럽네요. 저는 모든 독자들의 세계관이 오염되었으니 이렇게 읽으라고 지시하려는 것이 아닙니다. 저 스스로 좁은 시야의 위험성을 자각하여, 이를 보완하기 위해 사용한 방식을 말씀드리는 것뿐입니다. 단지 여러분께도 도움이 되길 바라는 마음입니다.

시작해 볼까요. 첫 번째 뒤집기입니다. 현재 세계의 패권을 잡고 있는 서구인이 근대 세계 형성에 기여한 업적을 과대평가하지 않게 해 줄 독서가 필요합니다. 스승이나 선배, 동료 없이 혼자 책을 읽다 보면 서구 편향적 시각을 갖기 쉽습니다. 역사서만이 아니라 모든 분야가 그렇습니다. 19세기 중엽부터 약 100년간 유럽이 전 지구적 패권을 행사하면서 유럽인이 만들어 낸 학문 체계 역시 전 세계적 영향을 미쳤기 때문이지요. 특히 역사에서의 유럽중심주의는 비유럽인에게 현재와 다른 세상을 상상하지 못하게 만들었기에 매우 위험합니다. 서구 주도로 세계사가 형성되었다고 배운 결과, 지금 우리는 어떻게 되었나요? 자연스레 서구인의 시각으로 세상을 보게 되었죠. 동남아 이주 노동자를 차별대우하는 모습을 보면 이미 한국 사회에 인종주의가 만연한 것이 아닐까 싶어 걱정스럽습니다. 이런 현실에서 우리 안의 제국주의나 인종주의의 가면을 깨닫는 것도 중요합니다.

그러기 위해, 유럽과 미국 즉 서구의 역사를 비판

적으로 다룬 책들을 읽어 보기를 권합니다. 19세기 제국주의 시대의 가치관을 바탕으로 창작된 이른바 '고전 명작'에 익숙한 상태로 획일적인 학교 교육을 받으면서 주입당한, 내 존재를 배신하는 사고방식에서 벗어나는 경험을 할 수 있거든요. 정도의 차이는 있겠지만, 비서구권에서 태어나 교육받은 독서인이라면 어느 정도는 카피테인 같은 처지에 놓여 있다고 저는 생각합니다. 에릭 홉스봄이나 하워드 진의 책부터 읽기 시작하면 큰 무리가 없을 겁니다. 우리나라 저자가 쓴 대중역사서 중에는 이성형의 『콜럼버스가 서쪽으로 간 까닭은?』이 좋았습니다.

두 번째, 해양사를 전면에 내세운 책을 읽으면서 한 번 더 자신을 뒤집어 봅시다. 우리가 읽은 대부분 역사책은 육지의 국가와 문화를 다루었을 겁니다. 그런데 사실 근대 세계는 제국주의 국가들의 폭력을 동반한 해양 진출로 형성되었죠. 육지 아닌 바다의 역사를 통해 근대의 형성을 보는 책으로는 주경철의 『대항해시대』를 추천합니다. 책 두께가 목침만 해서 부담스럽다면 같은 저자가 같은 문제의식을 담고 썼지만 보다 얇은 『문명과 바다』를 먼저 읽어 보시고요. 주경철에 이어 『악마와 검푸른 바다 사이에서』 등 마커스 레디

커의 저작들을 읽으면 제국주의와 폭력의 관계가 세밀하게 보일 것입니다.

바다를 통한 제국의 팽창이라면 서구뿐 아니라 일본의 경우도 봐야죠. 김시덕의 『동아시아, 해양과 대륙이 맞서다』를 추천합니다. 기본적인 일본 통사에서도 사쓰마 번(지금의 가고시마 현)이 아마미 군도와 류큐국(지금의 오키나와 현)을 지배하고 이어 타이완과 우리나라까지 식민지배하는 과정을 눈여겨보면, 바다를 통한 내부 식민지배가 외부 식민지배로 이어지는 패턴을 발견할 수 있습니다.

해양사를 볼 때 주의할 점이 있습니다. 7~8세기, 이슬람 상인들은 해안을 따라 다우선이라 불리는 작은 배로 유럽과 아시아를 연결하는 해상무역에 나섰습니다. 이 시기가 해상무역권의 발달사에서 1차 대항해시대입니다. 15세기에 이르러 아시아의 해상 교역 루트는 서쪽의 홍해부터 동쪽의 일본까지 동서로 길게 연결됩니다. 아랍 상인들은 아라비아반도 남쪽의 아덴에서부터 중국 남부의 광둥까지 연결된 항로를 통해 대규모로 중국에 들어왔습니다. 한편 중국 연해 지방의 주민들도 정크선을 타고 서양으로 대거 진출합니다. 이때 서양의 의미는 중국 황제를 기준으로 봐서 말라카해협의 서쪽 지역을 말합니다. 중간에 있는 페르시아, 인도, 동남아시아의 상인집단들도 해상 무역에 참여했습니다. 이때가 다우 교역권과 정크 교역권이 공존하게 된 제2차 대항해시대입니다. 이후 유럽이 지중해에서 대서양으로 교역망을 넓히고 아시아 해역과 연결하게 되는 제3차 대항해시대가 있었으며, 그다음 증기선이 세계의 바다를 빠르게 연결하는 제4차 대항해시대가 시작됩니다. 이상 살펴볼 때, 근대 초기 유럽 주도의 대항해시대는 해양사 전체로 보면 일부의 역사인거죠. 네, 해양사도 서구 중심으로만 보지 않도록 합시다.

세 번째로 뒤집어 볼까요. 우리나라에서 교육받고 성장하며 한국사를 중심으로 접한 역사는 육지 중심, 그중에서도 정주 농경민족 시각에서 쓰인 역사입니다. 그러나 세상에는 농경정착문명뿐만 아니라 유목이주문명도 있습니다. 그 문화권에 사는 사람들의 역사도 당연히 있습니다. 서구 주도의 세계화 이전에 몽골제국으로 인한 세계사의 탄생이 있었습니다. 그런데도 로마제국이나 영국제국에 대한 책은 문명인의 교양처럼 읽곤 했지만 흉노제국이나 몽골제국은 그 가치를 정당하게 파악하려 책을 찾아본 적도 없는 경우가 많죠.

만리장성 안쪽에 서서 그곳만이 세상의 전부라고 믿었던 한족의 오만함과 편협함, 저 역시 그랬어요. 동양사 쪽으로는 중국 측 기록에만 의존한 역사책을 기록 주체인 한족 사관의 시각을 좇아 읽으면서도 문제를 전혀 몰랐습니다. 어린 시절에 개그 프로그램을 보다가 오랑캐 운운하는 장면에 덩달아 웃었던 기억도 납니다. 말하자면 동양판 오리엔탈리즘인 중화주의에 오염되어 있었다고 할까요. 어렸을 때야 그렇다고 치더라도, 성인이 되고도 그러고 있다면 책 읽은 권수를 떠나 인간적으로 부끄러운 일 아닐까요.

자, 유라시아 유목제국과 실크로드에 대한 역사서를 읽어 봅시다. 일단 고전 격인 르네 그루세의 『유라시아 유목제국사』, 그리고 『유목민의 눈으로 본 세계사』를 비롯한 스기야마 마사아키의 책, 『몽골제국과 세계사의 탄생』을 비롯한 김호동의 책을 권합니다. 그 밖에도 좋은 책이 많이 있으니 찾아 읽어 보시길 바랍니다.

네 번째 뒤집기 독서 방법을 이야기하기 전에, 도서관이나 서점의 세계사 서가에 가 볼까요. 딱 봐도 유럽이나 미국, 중국과 일본을 다루는 책이 대부분입니다. 또 세계사 통사를 아무 책이나 한 권 골라 펴 봐도 이들 지역을 설명하는 데에 많은 분량을 할애하고 있습니다. 의도하지 않아도 자연스럽게 특정 문화권과 국가에 편중된 독서를 하게 되는 이유죠. 그러니 흔히 다루지 않는 지역의 역사책도 찾아 읽으면서 동시대에 사는 다른 지역 사람들의 삶을 편견 없이 보려는 의식적인 노력이 필요합니다.

다른 지역만이 아닙니다. 다른 시대에 살았던 사람들의 삶과 역사에도 편견을 가질 수 있습니다. 그 편견은 현 시대의 사고방식에까지 영향을 끼칠 수 있기에 위험하죠. 제가 배웠던 세계사 교과서에서는 유럽의 중세시대를 '암흑기'로 칭했습니다. 이어 르네상스의 찬란함을 서술했죠. 이는 과연 옳은 서술 방식일까요? 중세 1000년 동안 아무 발전도 변화도 없었던 것은 아닌데 말입니다. 찾아보니 계몽주의 시대 엘리트들이 자신들의 시대를 추켜세우기 위해 중세는 폄하하고 르네상스와 종교개혁은 강조했는데, 이 평가가 지금까지 이어졌다고 합니다.

이처럼 자기 세대를 돋보이게 하려고 전 세대의 역사와 삶을 무시하는 경우가 꽤 있습니다. 하지만 우리는 다른 시대에 살았던 사람들을 이해하고, 더 나아가 나와 같은 21세기를 살면서도 마치 조선 시대를 사는 듯 다른 방식으로 생각하고 행동하는 사람들을 존중하고 포용해야 합니다. 그러려면 한 시대의 문화와 사고방식을 깊이 들여다보는 훈련이 필요하지 않을까요. 저에게는 중세사, 특히 문화사를 읽는 과정이 유용했습니다. 거기에다 인류학과 신화학 책을 같이 보니 인간에 대한 이해의 폭이 보다 넓어지더라고요.

인터넷 서점에서 '중세유럽사'를 검색하면 100권이 넘는 목록이 나옵니다. 다들 쟁쟁한 명저죠. 막막한 기분이 들 수 있습니다. 그렇다면 옛날이야기처럼 재미있게 읽을 수 있는 역사 에세이로 시작해 보세요. 아베 긴야의 책을 추천합니다. 이어서 자크 르 고프, 아일린 파워, 요한 하위징아, 조르주 뒤비, 마르크 블로크 등의 저서를 읽어 나가 보세요. 대학교재인 『서양 중세사』(브라이언 타이어니, 시드니 페인터 공저)로 각 잡고 공부해 보는 것도 좋습니다.

여기까지, 네 번 뒤집어 읽고 살면서 제가 한때 오만해진 적이 있었습니다. 함수식으로 말하자면 x축과 y축이 다 완성되어 모든 시공간을 포괄한 독서 시야를 확보했다고 착각한 거죠. 절대 아니었습니다. 서울에서 태어나 자란 저는 중앙 위주로만 역사를 보고 있더라고요!

유럽 국가들은 근대에 국민 국가를 형성하며 국민을 만들어 냈지만 우리의 역사적 경험은 다릅니다. 우리나라는 1000년 넘게 단일 국가를 이루어 애국심과 민족적 단합을 강조해 왔습니다. 그 결과 중앙 중심으로 서술한 '국사'를 당연하게 배웠기에 지역의 관점에서 역사의 진실을 보는 훈련이 안 되어 있습니다. 지역의 이름이 붙은 현대사의 비극적 사건에 대해 함부로 말하는 사람들을 보세요. 정치적 이익에 따라 진실을 감추는 무리들도 있지만, 몰라서 죄 짓는 경우도 많습니다. 네, 이번에는 지역사 읽기를 권합니다.

고려시대 삼별초 항쟁을 볼까요. 몽골이라는 외세에 대한 저항의 역사라고 '국사' 시간에 자랑스럽게 배웠지요. 하지만 당시 제주 사람들에게는 몽골이나 고려나 삼별초나 모두 똑같은 외세일 수 있습니다. 이 부분에서 작은 충격이 올 겁니다. 이어 공민왕 시절에 일어난 목호의 난을 볼까요. 정부는 최영의 지휘 아래 2만 5605명이나 되는 병력을 보내어 토벌했다고 『고려사』에 기록되어 있습니다. 당시 제주 총 인구가 1만 5천에서 3만 명 사이로 추정되는 상황에 이 정도의 대군을 보냈다는 것은 몽골인뿐만 아니라 수많은 제주인까지 난에 가담했다는 의미지요. 김일우의 『고려시대

탐라사 연구』에 의하면 넓은 의미에서 목호는 말을 키우러 제주에 들어온 몽골인뿐만 아니라 몽골인과 제주인 사이에 태어난 혼혈인, 몽골인의 목장에서 일하던 제주인까지 포함한 집단이기 때문입니다. 여기에 평소 고려 관리의 수탈에 반감을 품은 제주인들도 목호 편을 들었다고 합니다. 그래서 『새로 쓰는 제주사』 등 제주 역사에 대한 책을 여러 권 쓴 이영권은 목호의 난을 '4·3 이전 최대의 제주민 학살 사건'이라고 단정합니다. 아까보다 더 충격적인가요? 그렇다면 성공적으로 뒤집었군요. 마지막 다섯 번째 뒤집기입니다. 지역사를 읽어야 합니다. 꼭!

새로운 역사적 사실을 아는 것도 중요하지만, 알던 사실을 다른 시각으로 접근하는 방법을 아는 것도 중요합니다. 육지인에게나 민족의 명장이지, 제주인에게 최영 장군은 학살자일 수 있다는 사실을 알고 나서 보는 세상은 예전과 다를 테니까요. 지금까지 말씀드린 뒤집어 읽기는 자신과 자신이 속한 집단만이 늘 옳다고 생각하여 자신이 아는 것과 다른 말을 하면 무조건적으로 몰아가는 시대의 폭력을 막기 위한 방법이기도 합니다.

{ 9 }

여성사를 읽자

앞 이야기에서 세 번째 뒤집기로 유목문화권의 역사를 읽자는 말씀을 드렸죠. 관련해서 예를 들겠습니다. 흉노의 사회와 문화를 연구하는 1차 문헌자료로 중요하게 쓰이는 『사기열전』의 제 50편 『흉노열전』을 볼까요. 한나라 사신이 아버지나 형제가 죽으면 그 아내를 다른 남자혈족이 아내로 삼는 흉노의 풍습을 비난합니다. 한나라 환관이었다가 흉노에 투항하여 두 세계를 다 겪어 본 중항열은 다음과 같이 답합니다. "한나라의 사자여, 흉노의 풍습을 모른다면 가르쳐 주지. 그것은 가계의 단절, 종족의 절멸을 막기 위함이다. 때문에 흉노는 언뜻 보기에는 문란한 것 같지만 혈통이 끊기지 않고 존속해 가는 것이다."

죽은 아버지나 형제의 처를 아내로 삼는 결혼제도를 '수계혼'收繼婚, levirate marriage이라고 합니다. 흉노뿐만 아니라 칭기즈칸 시대의 몽골에서도 보입니다. 이 제도의 목적은 새로운 가장이 되어 상속받은 자가 죽은 아버지나 형의 아내와 결혼하여 죽은 남성의 혈통을 지켜주는 것입니다. 당시 사람들은 사별한 여성이 낳은 아이는 재혼한 경우에도 전 남편의 후손이라고 생각했기 때문이죠. 이는 고대 중동에도 있는 풍습입니다. 자식 없이 죽은 형에게 후사를 낳아 주라는 아버지(유다)의 명령을 받고 동생(오난)이 형수(다말)와 동침하는 구약 성경의 일화를 보면 쉽게 이해되지요.

이렇듯 농경정주민이 아닌 유목민의 입장에서 보면 수계혼은 야만적이고 음란한 풍습이 아니고 다 이유가 있는 것이랍니다. 『사기』의 저자 사마천은 중항열의 의견을 소개하여 독자에게 중화 사관을 교정해주는 역사책 읽기 경험을 선사합니다. 이 부분이 사마천의 위대한 점이기도 합니다. 그러나 저는 알 수 없었습니다. 남편과 사별 후 남편과 혈연관계에 있는 다른 남성과 결혼해야만 하는 여성의 입장은 어땠는지를요. 『흉노열전』을 읽고 알게 된 것은 중화문명 아닌 쪽의 남성 입장뿐입니다.

사와다 이사오는 『흉노』에서 수계혼 제도가 있는 이유를 이렇게 설명합니다. "그것은 처라고 하는 것은 일정한 대가를 지불하고 그 출신 씨족으로부터 얻은 것이므로 아버지와 형의 처를 얻음으로써 혈족의 단결을 지키고 재산의 유출을 막는다고 하는 씨족기구의 원칙이 관철되고 있었기 때문이다." 재산의 유출을 막는다니? 이 말의 의미가 뭘까요?

왕소군의 일화를 보겠습니다. 한나라 때 궁녀 왕소군은 종실의 공주 대신 흉노의 선우(흉노의 군주) 호한야에게 시집갑니다. 결혼 2년 후, 남편이 사망하자 20대 전반 나이였던 왕소군은 다음 선우가 된 호한야의 아들 복주류와 재혼하여 딸 둘을 낳습니다. 왕소군이 재혼한 상대는 전남편의 아들이지만 왕소군의 친아들은 아닙니다. 원래 수계혼은 친자식에게는 예외였습니다. 그런데 흉노의 새로운 선우는 왜 아버지의 아내, 즉 계모와 결혼했을까요?

사별한 여성을 친정으로 돌려보내면, 결혼할 때 가져왔던 지참금이 원래 친정 씨족으로 돌아갑니다. 결혼으로 맺은 동맹관계도 무효가 되고요. 즉 수계혼은 남성혈족집단의 이익을 위해 여성을 물건처럼 사용한 제도지요. 그래서 흉노 측은 물론, 친정국가인 한나라 측도 왕소군의 재혼을 원했습니다. 왜죠? 오랑캐의 음란한 풍습이라며 욕하던 그들이? 한나라는 흉노와 국혼으로 얻은 동맹관계를 유지하고 싶었기 때문입니다. 당시 한나라는 흉노에 비단 등 공물과 종실의 여성을 바쳐서 평화를 사고 있었거든요. 흉노이든 한나라든, 재혼 당사자 여성의 의사는 중요하게 생각하지 않습니다. 여성은 노예나 가축처럼 남성의 재산이었으니까요. 이게 바로 '재산의 유출을 막는다'는 겁니다.

앞서 말한 구약 성경의 다말처럼, 본인 스스로 죽은 남편의 혈족과 재혼하여 아이를 낳기를 원한 경우도 있습니다. 아까 수계혼으로 재혼해서 낳은 아이는 전남편의 혈육으로 인정된다고 했지요. 사별한 여성은 죽은 남편과의 사이에 낳은 아이가 있어야 남편의 유산을 받고 시가의 보호를 받을 수 있었습니다. 사별한 여성 스스로 이런 재혼을 원한 이유는 당시 여성의 지위와 복지가 매우 낮았기 때문입니다. 사별한 여성이 혼자 독립적으로 살 수 없었고, 여성은 아이를 낳아야만 시가의 구성원으로 인정받는 사회였죠.

고대 역사서치고 상당히 다른 시각을 보여 주는 『사기』지만, 중화 관점이 아니라 흉노의 입장을 옹호

하는 입장에서 쓰고 있지만, 저자 사마천은 수계혼을 여성의 입장에서 보지는 않습니다. 농경민족이든 유목민족이든, 한나라 입장이든 흉노 입장이든, 초지일관 남성 입장에서만 서술하고 있죠. 한나라 때의 『사기』뿐만이 아닙니다. 요즘 나온 역사서에도 중화주의를 비판하고 흉노의 입장을 반영하는 서술은 있지만 여성의 입장에서 수계혼을 보는 서술은 찾아보기 힘듭니다. 자, 이 대목에서 여성사를 읽어야겠구나 하는 생각이 들지 않으십니까?

앞서 세계관을 뒤집어 주는 다섯 가지 독서 방향을 이야기했죠. 거기에 더합니다. 어느 분야든, 여성의 입장에서 서술한 역사까지 읽어야 완벽해집니다. '기존 역사서에도 여성이 등장하는데 굳이 왜?'라고 생각하시면 안 됩니다. 사료로 삼을 만한 공식기록에 여성은 남성과 같은 비중으로 기록되지 않았기 때문입니다. 행주대첩을 볼까요. 행주산성에서 활약한 여성들은 당대의 정사正史에 기록되어 있지 않습니다. 행주치마의 어원에 대한 구전 설화로 전해지다가 후대에 민담채록집이나 위인전, 동화에 삽입되어 오늘날 우리에게 알려진 겁니다. 그러니 여성들이 어떻게 전쟁에 참여했고 기여했는지에 대한 정식 기록이 없다고 하여 여성이 아무 일도 하지 않은 것은 아닙니다. 행주치마 이야기에서 알 수 있듯, 여성도 전쟁에 나가 싸웠습니다. 단지 기록자가 남성이기에 제대로 된 기록이 없을 뿐입니다.

기록이 있더라도, 남성이 중요하게 여긴 점을 기록했기에 여성의 전체 업적을 알기는 어렵습니다. 전쟁에 세운 공보다 정절 타령만 하기 일쑤죠. 임진전쟁 이후 복구 과정에서 모범이 될 만한 사람들의 행적을 기리고자 광해군이 간행한 『동국신속삼강행실도』에서 열녀를 소개한 것 정도가 임진전쟁 때 여성의 업적에 대한 정부의 공식 기록입니다.

또 여성이 쓴 문학 작품, 편지, 일기나 장부 등 개인적인 기록은 대부분 죽기 전에 스스로 폐기했기에 사료가 많지 않습니다. 여성에 대한 평가에 가혹한 시대였기 때문에 사후 평판을 우려해서였죠.

네, 기본적인 통사류 역사서에 여성의 분량은 매우 적습니다. 여성은 사료에 등장하더라도 본인의 삶과 업적보다는 정절 지키기나 시어른 남편 아들 받들고 돌보기 등 남성이 중요시하는 가치 위주로만 기록될 뿐이었죠. 독립된 역사 인물로 기록되더라도 대비, 왕비, 공주, 위인의 어머니처럼 남성과의 관계 위주로만 나옵니다. 그러니 이 엄청나게 불균형한 상황을 바로잡기 위해, 나의 성차별적 편견을 강화하지 않기 위해 여성사를 따로 읽어야 합니다.

저는 책벌레, 아니 책애벌레인 성장기에 책을 읽어 가면서 늘 뭔가 부족하고 이상한 느낌이 있었습니다. 이 부분은 여성사를 읽으면서 좀 채워지더군요. 여성사를 처음 읽으신다면, 거다 러너를 소개하고 싶군요. 대표작 『가부장제의 창조』에서 고대 메소포타미아 시대부터 체계화된 여성 차별과 억압의 역사를 읽다 보면 많이 우울해집니다. 근본적으로 변한 것이 없어 보이거든요. 그렇다면 이어서 『역사 속의 페미니스트』를 읽어 보세요. 널리 알려지지 않았을 뿐, 다른 목소리는 늘 있었습니다. 한편 『왜 여성사인가』에서는 유대인으로서 나치를 피해 미국에 와서 결혼하고 마흔 다 되어 대학에 들어가 여성사란 분야를 개척한 거다 러너의 삶을 만나게 됩니다. 그는 어디서나 주변인이란 의식을 가졌기에 흑인 여성사를 주력으로 연구하게 되었다고 합니다. 이 부분에서 저는 너무도 가슴 뭉클했습니다. 강추! 그런데 세 권 중 두 권이 현재 절판이라, 추천하면서도 죄송하군요. 다른 분도 소개합니다. 미셸 페로, 조앤 W. 스콧의 저작도 다 좋습니다. 한국 여성사로도 좋은 책이 많이 있습니다. 입문으로 『이임하의 여성사 특강』을 추천합니다. 이어서 『한국 여성사 깊이 읽기』와 『글로벌시대에 읽는 한국여성사』를 읽어 보세요.

여성사를 읽거나 여성사 관련 콘텐츠를 접할 때 주의할 점이 있습니다. 우리가 쉽게 접하는 역사에서는 여성을 등장시키더라도 흥미 위주로 다루는 경우가 많습니다. 특히 '세계 3대 악녀' 운운하는 식의 유튜브 영상 같은 콘텐츠는 위험합니다. 여성사 콘텐츠를 접하더라도 올바른 시각으로 접근하고 서술하고 있는지 주의해서 보셔야 합니다. 여성 저자가 썼더라도요. 여성을 억압하는 구조가 이 사회의 지배 구조이기에, 성별을 떠나 지배자/강자/주류/성공한 사람의 위치에 오른 사람들은 성차별적 사고방식에 물들어 있기 쉽거든요.

자, 이번에는 여성사를 읽으며 기존의 성차별 사고방식을 뒤집어 봅시다! 매우 즐거운 작업이 될 거예요. 역사책 독서로 얻는 좋은 점은 세세한 역사적 사건과 인물에 대한 지식만이 아니라, 자신의 편견이나 잘못된 세계관을 재정립할 수 있다는 점이거든요.

{ 10 }

꼬리에 꼬리를 물고 읽자

어느 정도 역사서 읽기에 익숙해지면 '한 주제를 향해 체계적으로 읽어야 하지 않을까' 하는 생각이 들 겁니다. 동시에 묵직한 리스트를 짜서 순서대로 읽는 것은 의무감에 하는 독서 같아서 내키지 않을 수도 있겠습니다. 그렇다면 이 방법은 어떨까요. 그리 계획적이지는 않지만, 흥미롭게 읽다 보면 점점이 흩어진 책들이 모여 큰 그림이 완성되는 방법입니다. 제가 작가가 되기 전부터 했던 방법이기도 합니다. 바로 '꼬꼬읽!'

네, 꼬꼬댁도 아니고 꼬꼬읽이죠. 처음 들어 보셨을 것입니다. 제가 지어 낸 말이거든요. 하하. 이 말은 '꼬리에 꼬리를 물고 읽자!'의 줄임말인데요, 방법은 간

단합니다. 책 한 권을 정합니다. 역사책 아니어도 좋아요. 재미있게 읽었던 동화책이나 소설 등 서사가 있는 책이면 더욱 좋습니다.(SF소설은 좀 곤란합니다. 시공간 배경이 현실 세계여야 배경 역사를 추적할 수 있으니까요.) 다음, 그 책을 읽습니다. 읽으면서 생긴 궁금한 점이라든가 더 알고 싶은 부분을 다른 책을 찾아봅니다. 이때 보는 책은 역사책이 되겠지요. 그 책을 읽다 보면 더 알고 싶은 내용이 또 생길 겁니다. 그에 대한 책도 찾아 읽습니다.

꼬리에 꼬리를 물고 찾아 읽기를 거듭하다 보면 읽은 책이 점점 늘어납니다. 한 책에서 가지가 돋아나 점점 무성한 나무로 자라는 모양이 되죠. 너무 한쪽 방향으로 치우쳐 가지가 뻗어 나가도 굳이 균형을 맞출 필요는 없습니다. 우리는 지금 정식으로 공부를 하는 것이 아니니까요. 궁금해진 모든 것을 당장 찾아 읽지 않아도 됩니다. 단, 궁금했던 점은 기억해 둡니다. 다른 책을 읽다 보면 전의 궁금증을 풀어 줄 계기를 만나기 마련이니 그때 파 보면 되거든요.

어느 정도 시간이 지났을 때, 읽은 책 목록을 한번 정리해 보세요. 어느덧 한 주제를 중심으로 큰 그림이 완성되어 있을 겁니다. 마치 점 잇기 같다고나 할까요.

어릴 적 했던 점 잇기 놀이, 기억나세요? 여기저기 흩어져 있는 점들 가운데 한 점에서 다른 한 점까지 선을 그었을 뿐인데, 하다 보면 윤곽선이 드러나 그림이 만들어지곤 했죠. 비슷합니다. 차이가 있다면 점 잇기 활동지에는 이미 점이 찍혀 있고 점 옆에 숫자도 적혀 있어서 순서대로 이어 가면 되지만, 내 독서 과정은 내가 주도적으로 하나씩 점을 찍어서 그림을 완성한다는 것이죠. 이 그림은 단시간에 만들어지지 않습니다. 천천히 꾸준히 읽다 보면 어느 순간 선이 이어지고 형태가 드러나기 시작한답니다.

제 경험을 이야기하고 싶어요. 꼬꼬읽, 최초의 점은 초등학교 1학년 때 찍은 것 같습니다. 어머니께서 계몽사에서 출간된 『소년소녀 세계문학전집』을 사 주셨습니다. 50권짜리 전집에서 제가 처음 뽑은 책은 『알프스 소녀 하이디』였습니다. 그때 어린이 월간지 『소년중앙』에 연재되던 만화 『알프스 소녀 하이디』를 좋아했기에, 미리 결말을 알고 싶었거든요. 끝까지 다 읽고 하이디가 알프스로 돌아간다는 사실을 알아냈지만 속이 시원하지 않더라고요. 알고 싶은 것이 더 많이 생겼기 때문이죠. 하이디가 가는 도시 이름은 왜 '프랑크푸르트'일까? 하이디가 페터의 할머니께 흰 빵을 선물하려는 이유는 뭘까? 클라라의 집에서 하이디의 신분은 뭐지? 하이디가 몽유병에 걸리는데 의사선생님은 왜 고향을 그리워해서 그런다고 진단했을까? 하이디와 페터는 왜 겨울에만 학교에 가지? 하이디의 할아버지는 왜 그렇게 성격이 고약할까? 너무도 많은 것이 새롭게 궁금했습니다. 그러나 그때 저는 여덟 살. 겨우 '영희야 학교 가자. 바둑이 너도 가자' 식으로 아장아장 책을 읽기 시작한 처지 아닙니까. 더 이상 알아내는 것은 무리였습니다. 아니, 정보를 얻는 방법 자체를 몰랐습니다.

수많은 물음표를 마음에 담아 둔 채 다음 책을 읽었습니다. 계속해서 50권짜리 전집을 한 권씩 읽어 나가며, 엘리너 파전의 『작은 책방』 서문처럼 저 역시 "책이라는 이름이 붙어 있기만 하면 무엇이든 읽는 버릇"이 생겼습니다. 더불어 궁금한 것들이 소복소복 쌓여 갔지요. 『왕자와 거지』에서 늙은 수도사는 왜 왕자를 죽이려 들지? 『소공녀』의 주인공 세라는 자신을 바스티유 감옥의 죄수에 비유하는데 바스티유란 무엇일까? 좀 더 커서 삼중당문고에 있는 고전 명작 소설을 읽다가도 그랬습니다. 『제인 에어』의 광녀 버사는 서인도 출신이라는데, 서인도제도란 어디일까? 버사의 발병과 서인도제도는 무슨 관계가 있을까?

중학교에 가서 세계사를 배우게 되었습니다. 아아, 『왕자와 거지』에서 수도원장이 에드워드 왕자를 죽이려 한 이유는 영국 헨리 8세의 종교개혁과 관련 있었군요! 제가 목욕탕 아닌 교실에서 소리 질렀던가요? 아닌가요? 기억이 가물가물합니다. 여하튼, 유레카!

답은 역사책에 있었습니다. 이야기의 배경과 유래를 알려면 역사책을 읽어야 하는 거였어요. 저는 일단 세계사 교과서를 읽었습니다. 시험 범위와 상관없이 전체를 읽고 또 읽었습니다. 그러다 보니 저절로 외워져서 시험 점수가 잘 나오더군요. 교과서에 삽입된 지도도 재미있고 연표도 흥미로웠습니다. 사회과 부도도 곁에 두고 자주 들춰 봤습니다. 떡볶이 사 먹을 돈 아껴 책을 사기 시작했습니다. 한 번 못 먹은 떡볶이는 현생에서 영원히 먹을 수 없는 법이지만 저는 책을 먹고 사는 책벌레니까 괜찮았습니다. 주말에는 교보문고나 도서관에 가서 궁금한 부분을 다룬 책을 찾아보았습니다.

알고 보니 『알프스 소녀 하이디』에서 하이디가 간 도시 '프랑크푸르트'는 게르만족의 일족인 '프랑크족이 이동하다가 강을 건넌 지점'이란 뜻이었습니다. 그런데 게르만족은 뭐지? 왜 이동을 하지? 궁금증은 계속 이어졌습니다. 게르만족의 이동과 고대 로마사, 프랑크 왕국의 역사 등등 유럽사를 더 찾아 읽게 되었습니다. 하이디가 페터의 할머니께 흰 빵을 선물한 이유를 알고 싶어서 빵의 역사를 찾아 읽었습니다. 그러고 나니 거친 빵을 먹을 수밖에 없는 하층민의 처지가 궁금해지잖아요? 농노 등 중세 유럽의 신분제, 중세 유럽 문화사, 유럽 음식문화사를 이어서 읽었습니다. 하이디와 페터가 겨울에만 학교에 가는 이유는 유럽 생활문화사의 이목 문화 부분에 답이 있었습니다. 이목은 알프스 산지나 지중해 연안에서 볼 수 있는 목축 방식입니다. 여름에는 가축을 몰고 산에 가서 풀을 뜯어 먹게 하고, 겨울에는 하산하여 가축을 우리에 넣고 건초를 먹여 기르지요. 그래서 어린 목동들은 겨울에만 학교에 갈 수 있었던 겁니다. 아니, 그럼 양치기 소년이 늑대가 왔다고 자꾸 거짓말을 한 것은 봄여름가을 내내 산 속에 혼자 있기 때문에 외로워서 아닌가? 또, 클라라네 집에서 하이디의 신분은 그냥 하녀가 아니죠. 시동인 듯 과외 친구인 듯 말벗인 듯… 무엇일까요? 유럽 궁정문화사 쪽을 보니 시녀의 지위에 가깝군요. 이 부분은 또 유럽 역사에 유명한 시녀 출신 여성들의 역사와 이어지고, 뜻밖에 앤 불린이 헨리 8세의 종교개혁에 미친 영향을 알아낼 수 있었습니다. 한편, 하이디가 몽유병에 걸리자 의사선생님은 고향을 그리워해서 그런다고 진단하죠. 여기에도 역사 배경이 있습니다. 하이디의 고향인 알프스 산간 지역은 농사짓기 척박한 땅이라 주요 산업이 사람 수출, 즉 용병 산업이었습니다. 고향을 떠난 스위스 병사들은 몽유병에 잘 걸렸다고 합니다. 몽유병이 '스위스병'으로 불릴 정도로요. 그래서 당시 의사들은 몽유병이 곧 향수병이라고 생각했다는군요. 그렇다면 하이디의 할아버지가 마을 사람들과 잘 어울리지 않는 이유는 원래 성격이 고약해서가 아니라 용병 경험의 트라우마 때문일 수도 있겠네요. 그리고 또, 또, 헉헉, 더 말씀드리고 싶지만 원고 분량상 이만.

이렇게 꼬리에 꼬리를 물어 질문을 던지고 답을 찾아 읽다 보니 어느새 점점이 흩어져 있던 궁금증들이 연결되더군요. 그러다 명작동화나 고전소설의 역사적 배경을 추적한 내용으로 유럽사를 다루는 저의 첫 책 『백마 탄 왕자들은 왜 그렇게 떠돌아 다닐까』를 썼습니다. 『알프스 소녀 하이디』를 처음 읽었을 때부터 헤아리면 거의 30년이 걸렸죠. 꼬꼬읽 점 잇기 독서를 하다 보니 큰 그림이, 아니 책 한 권이 완성된 셈이네요.

네, 결국 책 읽기란 점 잇기 놀이 아닐까요. 큰 그림이 언제 어느 형태로 완성될지 몰라서 더욱 재미있는 놀이. 그러니 완벽한 독서 계획이 없어도 괜찮아요. 꼬리에 꼬리를 물고 계속 읽어 봅시다. 꼬꼬댁 아니고 꼬꼬읽. 좋네요. 아침에 일어나 뜨는 해를 바라보며 꼬꼬읽, 우렁차게 외치고 책을 펴는 하루, 어떠세요? 인생은 길고 읽을 책은 많으니까요. 우리가 읽은 책은 점점이 흩어진 별이었다가 서서히 이어져서 어느덧 아름다운 별자리로 빛난답니다.

{ 11 }

당연한 것은 없다. 의심을 갖고 파 보자

앞서 꼬꼬읽, 꼬리에 꼬리를 물고 읽는 방법을 소개했습니다. 그런데 막상 실제로는 잘 안 된다면, 이유가 무엇일까요? 궁금한 것을 계속 추적해 읽을 시간이 없는 걸까요? 제 생각에 시간 부족은 그리 중요한 문제가 아닙니다. 궁금증이 일어난 즉시 관련 서적을 찾아 읽지 않아도 되니까요. 질문을 묻어 두고 지내다가 나중에 기회가 오면 꺼내서 캐 보면 됩니다. 더 중요한 것은 질문을 찾아내는 힘이라고 생각합니다. 책을 읽다가 이 부분에서 이거 이상하다든가 저 부분이 더 궁금하다든가 하는 생각 자체가 안 들면 꼬리에 꼬리를 물고 책을 찾아보고 싶지도 않거든요.

여기에서 잠깐, 기본적인 이야기를 할게요. 질문하는 힘이 생기려면 배경지식이 어느 정도 있어야 합니다. 너무 모르면 무엇을 물어봐야 하는지도 모르니까요. 그런데 배경지식이 부족해서 생긴 애로사항은 더 읽으면 저절로 해결됩니다. 많이 읽을수록 궁금한 것이 더 많이 생기고, 모르는 것이 더 많다는 걸 깨닫고, 더 겸손해지기 마련이거든요.

한편, 배경지식이 꽤 있는 상황인데도 책을 읽으면서 꼬리에 꼬리를 물고 질문할 거리가 안 생기는 것은 왜 일까요? 그 분야를 좋아하지 않기 때문일 수도 있습니다. 좋아하는 연예인에게는 궁금한 것이 많지만, 카페 창가에 앉아 있는 내 앞을 지나가는 59번째 아저씨의 일상은 전혀 궁금하지 않은 것처럼요. 이럴 때는 관심 있는 대상의 역사를 선택해서 천천히 알아 가는 시간을 갖도록 해요.

그런데 배경지식도 있고 관심도 많은 분야인데 아무런 질문도 안 생기는 경우도 있지요. 그건 책 내용을 너무도 자연스럽고 옳게 받아들여서가 아닐까 싶습니다. 저는 질문을 찾아내는 힘은 의심에서 나온다고 생각합니다. 책에 적힌 내용이라고 다 믿고 넘어가지 마세요. '왜? 무엇 때문에? 누구를 위하여?'라고 물어보세요. 특히 통념으로 알려진 상식이나 전통, 여러 콘텐츠로 다뤄지는 유명한 사건에 대한 익숙한 평가를 의심해 보아야 합니다. 예상보다 강력한 편견이나 차별의식, 혐오가 은은하게 깔려 있는 경우가 많기 때문입니다.

『헨젤과 그레텔』을 예로 들어 제가 의심하고 질문하여 추적하는 이야기를 할게요. 이상하지 않으세요? 마녀가 배고픈 아이들을 꾀어 잡아먹으려고 빵과 과자로 집을 만들었다고 하는데, 혼자 사는 할머니가 그렇게나 많은 빵을 한꺼번에 구워 두고 있었다는 점이며 그 정도로 커다란 화덕을 갖고 있다는 점이요. 밥이 주식인 우리의 경우라면, 혼자 사는 사람이 식당용 전기밥솥으로 몇 백 그릇이나 밥을 해 놓은 거니까요. 서양 중세사를 읽어 보니 유럽의 봉건 영주는 가정집에 개인적으로 빵 굽는 화덕을 설치하는 것을 금지했다고 합니다. 화덕은 영주만이 설치할 수 있었기에 장원의 영민들은 사용료를 내고 영주의 화덕을 빌려 빵을 구워야 했습니다. 영주가 없는 도시에서는 어땠을까요? 도시민 역시 집에 개인 화덕을 설치하지 않았다고 합니다. 비용이 너무 많이 들고, 화재 위험도 있었기 때문이죠. 도시민은 빵집에서 빵을 사 먹었습니다. 제빵사들은 동업 조합인 길드를 만들어 독점권을 지켰죠. 그렇다면 자기 집에 빵 굽는 화덕을 갖고 있는 사람은 제빵사였을 가능성이 높습니다.

이어서 빵의 역사, 유럽의 민중 신앙 역사, 마법의 역사를 읽고 나니 『헨젤과 그레텔』의 할머니가 마녀라는 것이 이상해 보이더라고요. 중세 유럽인은 마녀는 빵을 무서워한다고 믿었습니다. 크리스트교 문화권에서 빵은 예수님의 몸을 상징하기 때문이죠. 네. 깜빠뉴 같은 빵을 보면 굽기 전에 빵 반죽에 칼로 십자형 흠을 내잖아요. 마녀가 빵을 망가뜨릴까 봐 빵 반죽에 다가오지 못하도록 하는 거예요. 그래서 마녀로 고발당한 사람이 마녀인지 아닌지 알아보는 방법 중 하나가 빵 조각을 먹게 시키는 거였다고 합니다. 마녀라면 예수님의 몸인 빵을 거부하는 반응을 보이리라 생각한 거죠. 일종의 거짓말 탐지기랄까요. 거짓 주장을 해서 긴장하면 입안이 마르고, 그때 퍽퍽한 빵을 먹으면 목이 막히게 되니 나름 과학적인 것도 같습니다. 그런데 『헨젤과 그레텔』의 할머니는 본인이 잔뜩 구운 빵과 과자로 만든 집에서 살고 있었습니다. 즉, 빵을 무서워하지 않았다는 거죠. 이거, 의심스럽습니다. 과연 빵 굽는 할머니는 마녀였을까요?

금지된 화덕을 집 안에 몰래 설치한 것이 마녀라는 증거라고요? 아이를 구워 먹기 위한 오븐이니까? 그렇게 볼 수도 있겠습니다. 오븐에는 빵만 굽는 것이 아니라 고기도 구우니까요. 그리고 실제로 아이를 오븐에 넣어 굽는 풍습이 있기는 했습니다. 아, 정확히 말하면 굽는 척하는 풍습이요. 병을 치료하는 주술 중 하나였거든요. 크리스트교 문화권에서 밀가루 반죽이 빵으로 구워지는 것은 예수님의 사랑으로 사람이 다시 태어나는 것을 상징합니다. 중세 유럽인은 밀가루 반죽이 화덕에 들어가 빵으로 새로 태어나듯이, 아픈 아이도 화덕에 굽는 척을 하면 병이 나을 수 있다고 믿었다고 합니다. 그렇다면 큰 화덕을 갖고 있는 할머니는 민간요법 치료사였을 수도 있겠습니다. 유럽에 크리스트교가 전파되면서 켈트족이나 게르만족의 민간요법은 미신과 마법으로 몰렸습니다. 숲속에 혼자 살면서 약초에 대한 고대의 지식으로 환자를 치료 해 주던 지혜로운 여성은 종종 마녀로 몰리곤 했죠. 그러니까 화덕을 갖고 있다고 해서 아이를 구워 먹는 마녀라고 단정 지을 수는 없습니다.

이상의 역사를 알아보니 빵을 무서워하는 마녀가 금지된 화덕을 설치해서 빵으로 집을 만들고, 그 안에서 살고 있었다는 것 자체가 저는 매우 이상하더라고요. '마녀가 아니라면 빵 굽는 화덕을 갖고 있는 사람은 제빵사밖에 없는데, 제빵사라면 왜 도시 아닌 곳에 혼자 있었을까?' 이렇게 질문하다 보니 꼬리에 꼬리를 물고 이어진 제 의문은 제빵사 길드에 도달했습니다. 저는 남성 위주의 길드에서 배제된 여성 노동자 쪽으로 방향을 잡아 글을 썼습니다. 할머니는 배타적인 제빵사 길드에서 쫓겨났기에 숲속에 자신의 빵집을 차린 것이 아니었을까? 도시 제빵사들의 경쟁자가 되었기에 마녀로 몰려 화형당한 것은 아닐까? 이 이야기는 저의 책 『고양이는 왜 장화를 신었을까』에 실려 있습니다.

『헨젤과 그레텔』은 독일 지역에서 전해지는 민담을 그림 형제가 1812년에 기록한 동화입니다. 빵 굽던 할머니가 마녀라는 설정이 그 문화권에서는 이상하다는 것을 다들 알고 있었을 겁니다. 그런데 왜 이런 이야기가 전해졌을까요? 당시에는 무고한 여성을 마녀로 몰아 처형하고 그의 재산을 차지하는 것은 흔하고 당연한 일이고 역사적 사실이었기 때문입니다.

마녀 사냥은 중세에 일어난 일이 아닙니다. 마법, 마술, 마녀에 대한 믿음은 중세문화의 한 부분이지만 대규모 마녀사냥은 근대적 현상입니다. 중세에서 근대로 넘어가며 봉건 국가에서 절대주의 국가로 바뀌던 유럽 각국은 인구 증가, 물가 상승, 기근, 전염병, 농민 봉기, 종교 분쟁, 내전, 국가 간의 전쟁 등 심각한 혼란을 겪고 있었습니다. 사회 불안을 해소하고 대중의 불만과 분노를 보다 안전한 방향으로 향하게 하려고 기득권자들은 마녀 사냥을 선택합니다. 이에 동조해 사람들은 자신들의 이익을 해친다고 생각되는 이들을 마녀로 고발해 제거합니다. 마녀 재판의 목적은 진짜 마녀를 찾아내는 것이 아니라 마녀로 몰린 사람을 파멸시키는 것이었거든요. 헨리 8세가 이혼하려고 어떻게 했나요? 마술을 이용해 자신을 유혹했다는 혐의로 앤 불린을 마녀로 몰고 간통 누명까지 씌웠죠. 빵 굽는 할머니든 앤 불린이든, 책이나 유튜브 영상에서 마녀 사냥을 흥미 위주로 소개하는 것을 보면 저는 안타까운 한편 화가 납니다. 내 편의 이익을 해치는 여성을 마녀나 악녀로 몰아 제거하는 것을 당연시 하는 사고방식을 현대에까지 퍼트리는 나쁜 사례니까요.

질문을 던졌으면 답을 찾는 것은 어렵지 않습니다. 어느 분야나 선행 연구자가 있고 검색하면 책이 다 나옵니다. 중요한 것은 질문을 던지는 힘입니다. 숲속에 혼자 사는 할머니는 마녀고, 마녀를 죽이고 마녀의 재물을 차지하는 것을 당연하게 생각하면 『헨젤과 그레텔』에서 이상하거나 궁금한 점을 전혀 찾을 수 없습니다.

마녀 사냥뿐만이 아니죠. 우리가 역사적 사실로 알고 있는 내용이 다 진실은 아닙니다. 그러니 세상만사를 당연하게 여기지 않고 의심해 봐야 더 깊이 읽을 수 있습니다. 세상에 만연한 편견과 혐오의 조력자가 되지 않을 수 있습니다. 책을 읽을 때에 의심하고 질문하는 힘이 필요한 이유입니다.

{ 12 }

참고문헌 리스트는 나의 선생님

앞에서 소개한 꼬꼬읽 방법은 내가 원하는 방향으로 즐겁게 읽을 수 있지만, 정해진 시간 내에 체계를 잡아 어떤 결과물을 만들기 위한 독서법으로는 적합하지 않습니다. 이를 보완하는 방법이 있습니다. 각 서적의 참고문헌 리스트를 선생님으로 모시고 읽는 방법입니다.

우선, 좋은 책으로 인정받은 책 한 권을 기본 교재로 정합니다. 이왕이면 대학에서 강의하는 분이 쓴 책이 좋습니다. 현재 대학 전공 교재도 좋고요. 모르는 지역이나 분야의 역사 공부를 처음 시작할 때에 기본으로 볼 책은 약간 보수적으로 고르는 편이 좋습니다.

고르셨습니까? 그럼 책을 읽습니다. 다 읽었으면

참고문헌에 있는 책은 물론, 그 책 본문에서 언급한 책과 주석에 달려 있는 책들을 모아 리스트를 만듭니다. 그리고 리스트에 있는 책들을 하나씩 읽어 나갑니다. 네, 이게 다예요. 별것 없습니다. 그냥 다, 깡그리, 모조리, 마구 읽어요. 시간이 없고 돈은 많으면 모든 책을 사서 읽고, 시간은 많은데 돈이 부족하면 도서관을 털어 와서 읽어요. 예쁜 색 펜으로 리스트에 적힌 책이름을 하나씩 지워 가며 읽으면 꽤 즐거울 거예요.

다음 단계입니다. 같은 방법으로 또 합니다. 처음 읽은 책의 참고문헌 리스트에 있는 책들을 읽었죠? 그중 인정받는 명저나 특히 관심 가는 주제를 깊이 다룬 책을 몇 권 고릅니다. 그리고 그 책의 참고문헌 리스트를 또 털어 읽습니다. 그다음, 그다음다음… 곧 그물망 형태의 독서 목록이 생길 겁니다. 흠, 피라미드 판매 조직도 같기도 하군요. 이런 식으로 몇 번 반복하면 혼자 읽으며 공부해도 그 분야의 기본 지식을 든든하게 얻을 수 있습니다. 몇 단계 반복하면 익숙한 책 이름이 점점 많이 나올 겁니다. 오오, 이미 읽은 책이라 새로 읽을 책이 점점 줄어들고 있다고요? 그렇다면 그 분야에서 인정받은 명저를 거의 다 읽은 셈입니다. 축하합니다. 역덕이 되셨습니다. 두둥!

이 방법을 더 설명하기 위해 '세계관을 뒤집어 주는 책을 읽자' 편에서 소개한 책들 중 세 권을 예로 들어 보겠습니다. 『콜럼버스가 서쪽으로 간 까닭은?』에서 시작해 볼까요. 2003년 출간 당시 읽은 책인데, 이 글을 쓰면서 검색해 보니 20년이 지난 지금도 여전히 많은 사랑을 받고 있네요. 이 책을 처음 만났을 때 저는 졸업하고 직장을 다니며 혼자 마구잡이로 역사책을 읽고 있었습니다. 그런데 읽을수록 어딘지 이상하고 불편했습니다. 하지만 어느 부분에서 의심하고 추적을 해야 할지도 몰랐죠. 배경지식이 부족해서 질문의 갈피도 못 잡고 있는 단계였다고나 할까요. 그러다 이성형 선생님의 이 책을 읽으면서 비로소 '황인종 여성으로서 내가 그동안 서구 위주의 세계사 서술을 불편해했구나' 하는 것을 알아차렸죠.

이 책을 통독한 다음에는 저자가 소개해 준 쟁쟁한 선생님들을 이어서 만나 보세요. 참고문헌 리스트에 있는 책을 읽어 보란 얘기입니다. 엔리케 두셀 등 대가들의 책을 만날수록 내가 쑥쑥 성장하는 느낌이 들 겁니다. 저는 『콜럼버스가 서쪽으로 간 까닭은?』에서 설탕, 옥수수, 커피, 감자에 얽힌 세계사의 명암 부분이 특히 흥미로웠는데, 참고문헌에 있는 『콜럼버스가 바꾼 세계』로 그 부분을 읽으니 더욱 시야가 트이더라고요. 네, 바로 '콜럼버스의 교환' 이야기죠. 래리 주커먼의 『악마가 준 선물, 감자 이야기』와 시드니 민츠의 『설탕과 권력』도요. 어때요, 관심 가지 않으세요?

이번에는 두 번째 뒤집기 방법에서 소개한 주경철 선생님의 『대항해 시대』입니다. 이 책은 '대항해 시대'라는 제목과 '해상 팽창과 근대 세계의 형성'이라는 부제 그대로 15세기 서구가 해상으로 팽창하여 폭력의 세계화 과정을 통해 전 지구적인 부와 노동력을 장악하고 환경을 파괴하며 근대 세계를 형성한 역사를 담고 있습니다.

엄밀히 말하면 이 책은 독창적 학술서는 아닙니다. 저자의 전공인 네덜란드 경제사 쪽을 제외하고는 1차 사료 인용도 많지 않습니다. 네, 바로 그 점이 일반 독자인 우리에게는 참 좋습니다. 이 책에는 기존 서구 중심주의 사관과는 다른 수정주의 학파, 캘리포니아 학파, 생태주의 학자의 저서 등이 저자의 믿을 만한 시선으로 한 번 걸러지고 요약되어 있기 때문입니다. 에릭 홉스봄, 페르낭 브로델 등 고전적 역사서부터 에드워드 사이드, 이매뉴얼 월러스틴, 안드레 군더 프랑크, 윌리엄 맥닐, 시드니 민츠, 마셜 호지슨과 재닛 아부-루고

드, 앨프리드 크로스비, 클라이브 폰팅 등등. 그러니까, 저자 선생님이 입구에서 입장 커트하여 마련하신 물 좋은 클럽에 초대받았으니 이제 신나게 즐기기만 하면 되는 거죠! 그저 입장 직진! 신나게 두뇌를 흔들어 보아요. 본 책을 읽고 참고 문헌리스트를 읽어 나갑시다.

세 번째 책은 『몽골제국과 세계사의 탄생』입니다. 서울대 동양사학과의 김호동 선생님이 강의한 내용을 엮은 책이라 어렵지 않고 쉽게 다가옵니다. 유라시아 대륙의 거의 전부를 차지했던 몽골제국의 업적을 재조명하는 내용으로, 각 지역의 개별사가 아니라 교류와 융합의 결과로서의 역사를 서술하고 있습니다. 유목민의 군사력과 실크로드 상인들의 상업력의 결합은 세계사를 상호연관성을 지닌 과정으로 변모시키는 계기가 되었으며 바로 이러한 세계사의 통합에 결정적인 전기를 이룩한 주체가 몽골제국이었다는 것이지요. 결국, 안전한 여행과 교역을 보장한 '팍스 몽골리카' 이후 유럽인의 대항해시대가 열렸으며, 이는 몽골인의 주체적이고 적극적인 활동 덕분에 가능했다고 저자는 강조합니다.

자, 본 책 읽기를 마쳤으니 참고문헌 리스트 읽기를 시작해 볼까요? 으악, 책 뒷부분을 펼치자마자 얼어

붙고 말걸요? 참고문헌 리스트에 읽을 수 있는 문자가 많지 않거든요. 1차 사료에서는 김호동 선생님이 번역하신 『몽골비사』, 『부족지』 등 라시드 앗 딘의 『집사』 시리즈 말고는 한글이 아예 안 보입니다. 2차 사료인 연구서 단행본도 우리말로 번역된 저서는 미야자키 마사카쓰, 마셜 호지슨, 잭 웨더포드 등 몇 권밖에 없습니다. 해외 논문과 저서도 영어 정도가 아니라 러시아어, 일본어 등으로 쓰여 있습니다. 1차 사료까지 보면 페르시아어, 튀르크어, 몽골어, 한자 등 8가지가 넘는 문자가 보입니다. 이렇게 되면 참고문헌 리스트를 신나게 읽을 수가… 저는 불가능하더라고요.

네, 본문에 언급된 책이나 주석으로 소개한 책, 참고문헌 리스트에 있는 책을 읽으려 하다 보면 반드시 부딪히는 커다란 암초가 있습니다. 바로 원서! 원서! 원서! 이 대목에서 제가 받은 충격을 강조하기 위해 꼭 에코 효과를 넣어서 읽어 주세요. 그렇다고 좌절만 하고 있을 순 없죠. 검색해 봅시다. 이런 경우 저는 국내 번역본이 나왔는지 찾아봐서 번역서로 읽습니다. 저자 선생님들이 석박사 논문 쓰며 처음으로 그 책을 읽던 시절에야 번역서가 안 나왔더라도, 지금은 꽤 많이 나와 있으니까요. 번역서가 없다고요? 영어 등 독해 가능한 언어권 책이라면 해외 서점에 주문해 원서로 읽는 것도 좋습니다. 그런데 김호동 선생님의 리스트처럼 몽골어나 페르시아어 쪽이라면 정말 드릴 말씀이 없네요. 저는 몽골어를 배우는 것보다 김호동 선생님이 번역하신 다른 책을 더 많이 읽는 편을 택하고 있습니다.

체계적으로 공부하려면 대학원에 가거나, 공부 모임을 꾸려 훌륭한 선생님을 초빙하여 읽는 방법이 최선이긴 합니다. 그러나 현실적으로 그럴 수 없는 생활 독서인이라면 참고문헌 리스트를 선생님으로 모시고 읽는 이 방법이 차선은 되지 않을까 싶습니다. 말하자면 강의실 대신 내 서재에 좋은 선생님들을 모시는 거죠. 모셔서 책장에 꽂아 놓습니다. 쟁쟁하신 선생님들께서 어깨를 나란히 하고 있는 모습을 보면 얼마나 든든한지요. 다 제가 올라탈 거인의 어깨 아닙니까! 하하.

{ 13 }

한 우물만 파자

"한 놈만 패는 독서법을 쓰시는군요." 10여 년 전, 제가 독서 기록하는 블로그에 어떤 분이 달아 주신 댓글입니다. 영화 「주유소 습격 사건」에서 따온 말 같습니다. 유오성 배우의 "난 한 놈만 패"라는 대사는 1999년 영화 개봉 후 지금까지 '한 우물만 판다'는 뜻으로 쓰이고 있으니까요. 네, 맞습니다. 저도 한 놈만 패는 스타일입니다. 궁금한 것이 생기면 한 분야 책을 계속 읽곤 합니다. 이런 방법입니다.

첫째, 어떤 인물에게 관심이 가면 그에 관한 책을 계속 찾아 읽습니다. 전기문을 읽기도 하고 그 인물이 등장하는 사건이나 시대를 다룬 역사서를 읽기도 합니다. 돌이켜 보니 살아오면서 많은 인물을 패…지 않고 읽었습니다만, 이 글을 쓰면서 떠올려 보니 이순신 장군이 먼저 생각나네요.

어릴 적 위인전으로 읽을 때는 잘 몰랐습니다. 그냥 원래 위대한 인물이 위대하게 자라서 장군이 되어 위대한 일을 했나 보지, 정도로 생각했죠. 성인이 되어 한국 현대사를 알고 나니 박정희 시절 군사독재정권을 합리화하려고 이순신 장군의 공을 꼼꼼히 이용한 것이 보였습니다. 충무공 본인은 아무 잘못이 없지만 그냥 거리감이 생기더군요. 더 나이가 들어 임진전쟁에 관한 역사책을 읽다가 공의 일생을 살펴보니 놀라운 점이 보였습니다. 문관이 되려다가 20대에 뒤늦게 무관 공부를 시작한 점. 당시로서는 매우 늦은 32세의 나이에 급제한 점. 40대 후반에야 인정을 받고 중책을 맡은 점. 거북선 건조를 완성하고 하루 뒤에 전쟁이 발발한 점… 공은 마치 임진전쟁을 위해 태어나서 준비해 온 인간인 양 7년간 활약하다 사망합니다. 그래서 사망일이 바로 종전일입니다. 루저로 살 뻔한 늦깎이 인생이 이렇게 드라마틱하게 변한 이유가 무엇일까요? 궁금했습니다. 공이 평생 어떤 생각을 하며 어떤 노력을 남몰래 했는지 알고 싶어 본격적으로 찾아 읽기 시작했습니다. 이순신 장군에 대해서는 많은 책이 나와 있어서 작가마다 어디에 중점을 두고 서술하는지 비교하며 읽을 수 있었습니다.

한 놈만 패는 독서법으로 한 저자의 책을 주욱 읽는 방법이 있습니다. '전작 읽기'라고 쓰고 덕질을 해보는 거지요. 슈테판 츠바이크와 조너선 스펜스는 역사와 문학을 결합한 문체가 매력적이어서 즐겨 읽었습니다. 아, 역사서 독서는 주로 정보를 얻으려는 독서라지만 저는 문체까지 마음에 들어야 덕질하게 되더라고요. 서양 중세사는 제가 참 좋아하는 분야인데, 쟁쟁한 대가들 중에서 특히 미셸 파스투로를 좋아합니다. 『서양 중세 상징사』 같은 역사서는 물론, 곰을 주제로 중세사를 살펴보거나 스트라이프, 빨강과 파랑 같은 무늬나 색의 역사를 다룬 책도 있습니다. 이분의 에세이도 찾아 읽었는데 역사서와 달리 독특한 개성이 1인칭으로 드러나서 참 재밌더라고요. 영화 『장미의 이름』을 제작할 때 고증을 맡아 참여했는데, 중세에는 돼지가 지금처럼 핑크색이 아니었다며 출연 돼지들을 모두 회색으로 칠하도록 시켰다는 회고 내용은 평생 잊지 못할 거예요. 당시에는 동물학대 개념이 없었나 봐요.

한 번역가의 책을 쌓아 놓고 읽는 방법도 좋습니

다. 그 분야 전문가가 외국의 중요한 저작을 소개해 주는 경우가 많으니 믿고 읽는 거죠. 저는 조한욱 선생님이 번역한 문화사 책들을 눈여겨봅니다. 로버트 단턴, 카를로 긴즈부르그 등 다 의미 있고 재미도 있는 책들입니다. 선생님의 저서 『문화로 보면 역사가 달라진다』와 같이 읽기를 권합니다. 불문학자 최애리 선생님의 번역서도 강추합니다. 조르주 뒤비, 자크 르 고프 등 유럽 중세사 번역서는 물론, 문학 분야 번역서도 참 좋습니다.

또, 한 놈만 패기로 출판사를 덕질하는 방법도 있습니다. 응원하는 마음 가득 담아, 좋아하는 출판사에서 나온 책을 무조건 사서 읽는 방법이죠. 저는 푸른역사, 사계절, 이산, 도서출판 길, 교유서가, 글항아리에서 나온 역사책을 좋아합니다. 믿음이 가는 출판사에서 기획한 시리즈를 모조리 읽기도 합니다. 도서출판 길의 '역사도서관 시리즈', 사계절의 '아틀라스 역사 시리즈', 이산의 '히스토리아 문디 시리즈', 민음인의 '지식의 정원 서양사편 시리즈' 등이 기억나네요. 이 글을 쓰면서 검색해 보니 명저인데 품절, 절판이 많아 소개하면서도 죄송하네요. 역사서는 많이 찍지 않기 때문에 금방 품절되곤 하니 관심 가는 책이 나오면 얼른 사야 합니다. 절판된 후 중고책으로 구하려면 가격이 4~5배쯤 뛰거든요. 그래서 '어제의 책 시리즈'로 절판된 명저를 내는 교유서가를 눈여겨보고 있습니다.

한 놈만 패듯 역사책을 읽는 가장 고전적인 방법은 어떤 지역이나 한 나라에 대한 책을 내리 읽는 것이죠. 저는 기한 내에 공부해서 완성된 결과물을 내야 할 때 이 방법을 씁니다. 동남아시아, 동아시아, 유럽, 영국, 프랑스, 중국, 일본, 오키나와 등등 도서관에 가서 그쪽 서가를 다 털어 봅니다. 그렇게 그 분야에 어떤 책이 있는지 대강 윤곽을 잡은 다음, 믿을 만한 전공서적과 역사 개론서를 구입해 읽습니다. 동시에 인터넷 서점에서 새로 나온 책을 체크합니다.

한 인물이나 나라가 아니라 여러 인물과 나라가 얽힌 격동 자체에 관심이 있다면 시대를 봐야지요. 한 놈만 패는 독서법에는 한 시대에 대한 책을 연이어 읽는 방법도 있습니다. 저는 유럽의 16세기가 흥미로워서 자꾸 찾아 읽게 되더라고요. 그 시대에는 동부 유럽과 지중해에서 크리스트교 세력과 이슬람교 세력이 맞서고, 유럽 내에서도 카톨릭(구교) 세력과 프로테스탄트(신교) 세력이 대립 중이었죠. 동지중해가 막히자 서쪽으로 뱃머리를 돌린 대항해시대가 이전 15세기에 이어서 진행되고요. 이 격동의 시대에 에라스무스, 마틴 루터, 마키아벨리, 토머스 모어 등 서구 문명을 넘어 인류사 전체로 봐도 기존 사고방식의 틀을 깬 사상가들이 등장합니다. 당시 유럽에는 또래인 군주가 네 명 있었어요. 잉글랜드의 헨리 8세, 프랑스의 프랑수아 1세, 신성로마제국의 카를 5세(에스파냐 이름은 카를로스 1세), 그리고 오스만제국의 쉴레이만 1세. 이들은 서로 동맹을 맺기도 하고 전쟁을 하기도 합니다. 여성들의 16세기도 살펴볼까요. 프랑수아 1세의 누나인 당대의 지식인 마르그리트 드 발루아(나바르), 그의 시녀로 프로테스탄트 교육을 받아 영국의 종교개혁에 이론적 배경을 제공하는 헨리 8세의 두 번째 왕비 앤 불린. 그의 딸 엘리자베스 1세. 또 마르그리트의 궁정에서 같이 교육받고 자라난 카트린느 드 메디시스와 스코틀랜드의 메리까지… 정말 흥미진진합니다.

자투리 시간에 옆에 놓인 스마트폰 들고 손가락 터치 몇 번 하면 현실을 떠나 다른 세상으로 넘어갈 수 있습니다. 즉각적이고 쉬운 위안을 얻을 수 있습니다. 그러나 그 자투리 시간에 책을, 그중에서도 역사책을 읽는 선택을 한다면, 한 놈만 팬다는 이 방법이 꽤 도움이 될 겁니다. 인간이란 결국 자신의 시간을 보낸 결과로 형성되는 존재니까요. 그 시간에 유튜브를 보든 책을 보든, 술을 먹든 책을 먹든, 장작을 패든 책을 패든.

이 대목에서 생각나는 에피소드가 있습니다. '일본 사회를 대표하는 지성인'으로 불리는 다치바나 다카시의 독서법에 의하면, 새 책을 쓸 때에는 관련된 책 한 트럭을 사서 공부한 후 초고를 준비한다고 하더라고요. 이건 뭐 오거서도 아니고, 한 트럭 패기인가요? 몇 권이나 될지 감도 안 잡히네요. 역덕답게 고증을 해 보려면 일단 트럭부터 사야 할까 봐요.

아, 그런데 저는 이 책의 초고를 쓰면서 유유 출판사의 땅콩문고 시리즈와 공부책 시리즈를 30여 권 읽었답니다. 이건 한 출판사만 패기인가요? 아니면 족보 구해 벼락치기인가요? 하하.

{ 14 }

입체적으로 읽어 보자

이번에는 다양하게 역사 콘텐츠를 즐기는 방법을 이야기할게요. 관심 있는 시대나 사건, 인물을 다각도로 바라보기 위해 당대의 기록물, 역사소설, 고전소설 등 다른 장르를 같이 읽어 봅시다. 같은 사건을 다른 나라 입장에서 다룬 역사물도 찾아봅시다. 앉아서 책만 읽으면 재미없죠. 인간은 움직일 동動 자를 쓰는 동물이니까요. 무거운 엉덩이를 들고 동물답게 움직여서 박물관을 방문하고 현장 답사도 가 봅시다. 영화와 다큐멘터리, 유튜브 영상을 보며 고증이 잘되었는지 체크해 보는 변태스러운 즐거움도 역덕답게 만끽해 보아요. 임진전쟁을 예로 들어 방법을 말씀드릴게요.

어떤 역사적 사건에 대해 알고 싶어졌다면 어떻게 할까요? 우선 역사책을 찾아 읽겠죠? 그때 읽는 역사책은 대개 사건이 일어난 당시에 사는 사람이 아니라 후대인이 쓴 책입니다. 당연히 사건의 전개와 결말, 이후에 미친 영향까지 다 아는 입장에서 서술하게 되죠. 독자가 보기에는 현장에서 목격하는 긴장감이 부족할 수 있습니다. 그렇다면 역사라는 강물에 빠져 격랑에 휩쓸리던 당대 사람들의 기록물을 읽어 봅시다. 임진전쟁이라면 '조선의 3대 임진전쟁 기록'이라 평가받는 이순신의 『난중일기』, 유성룡의 『징비록』, 오희문의 『쇄미록』을 읽는 거죠. 앞의 두 권에 비해 『쇄미록』은 좀 덜 유명하군요. 오희문이란 선비가 피난 생활을 하며 쓴 일기를 묶은 책인데, 민간인으로서 체험한 전쟁을 기록한 책이라는 가치가 있습니다. 여기에 경남 함양의 의병장 정경운이 쓴 일기 『고대일록』도 같이 읽으면 좋습니다.

임진전쟁은 조선과 일본, 명나라까지 참전했던 국제 전쟁이었죠. 이로 말미암아 근대 초 동아시아의 정세가 크게 변합니다. 일본에서는 도요토미 히데요시가 몰락하고 도쿠가와 이에야스의 에도막부 시대가 시작됩니다. 중국에서는 한족의 명나라가 멸망하고 만주

족의 청나라가 들어서죠. 그러니 일본과 중국의 입장에서 서술한 역사도 읽어 보면 동아시아사가 다각도로 보입니다. 일본 측 사정을 기록한 책으로는 『임진난의 기록』이 있습니다. 저자 루이스 프로이스는 16세기 후반 일본에서 활동한 예수회 신부로 방대한 분량의 『일본사』를 썼는데, 『임진난의 기록』은 그중 일부입니다. 명나라 쪽 참전자의 기록으로는 『경략복국요편』經略復國要編이 있는데, 『명나라의 임진전쟁』이라는 제목의 5권짜리 책으로 번역되어 있습니다. 저자 송응창은 임진전쟁 때 명군 최고 지휘관에 해당하는 경략經略이었기에 이 기록은 당시 명나라 군대의 속사정을 가장 자세히 들여다볼 수 있는 책입니다.

어떤 역사적 사건이나 인물에 관심을 가지고 읽다 보면 다른 사람은 내가 읽은 내용을 어떻게 보고 어떤 의미를 두는지 궁금해집니다. 이럴 때 역사소설을 읽으면 작가가 사실을 해석하여 있음직한 허구로 건설한 세계 안에 들어가서 그 시대의 인물들을 바라볼 수 있습니다. 임진전쟁을 예로 들고 있으니까 이순신 장군이 주인공인 소설을 읽어 볼까요. 김훈의 『칼의 노래』에서는 적군과 조정의 칼날 사이에 위치한, 아무 지원도 받지 못하나 조국의 운명을 두 어깨에 짊어진 고독

한 지휘관의 심리 묘사를 눈여겨볼 만합니다. 『난중일기』에서 느껴지는 장군의 성격과 비슷하게 그려진 편입니다. 김탁환의 『불멸의 이순신』에서 재현된 장군은 말이 많은 남자여서 두 작품을 비교하며 읽으니 꽤 재미있더라고요. 『불멸의 이순신』은 선조, 광해군, 유성룡, 윤두수, 허균, 원균 등의 내면도 주인공 이순신 장군만큼이나 비중 있게 다룹니다. 권력을 둘러싼 인간들의 속성 묘사가 뛰어난 소설이지요. 한편 일본군의 시선으로 정유재란을 재구성한 조두진의 『도모유키』도 같이 읽어 볼까요. 이 밖에 전쟁 포로가 되어 일본으로 끌려간 도공, 두부 제작자가 주인공인 역사소설도 많습니다. 어린이나 청소년 역사소설도 좋은 작품이 많으니 다양하게 찾아 즐겨 보아요.

한편, 일본인 작가는 임진전쟁을 어떻게 다루었을까요. 야마오카 소하치가 쓴 『도쿠가와 이에야스』(전 32권)에서 도요토미 히데요시가 임진전쟁을 일으키는 17~18권을 중심으로 볼까요. 전쟁 준비와 전후 수습, 정권 교체 과정의 내전 등 일본의 내부 사정을 생생히 목격할 수 있습니다. 도요토미 히데요시의 심리 묘사가 특히 재미있습니다. 자신을 태양의 아들이라며 신격화하고, 인도와 중국을 차지하여 대륙의 황제가 되겠다는 허황된 야심을 품는 심리 등은 우리나라 작가라면 도저히 이해할 수 없어서 세세히 서술할 수 없는 부분이잖아요. 우리나라에 포악한 이미지로 남아 있는 가토 기요마사라는 캐릭터가 일본에서는 긍정적으로 그려진 것도 흥미롭고요.

그런데 이들 한국과 일본의 역사소설 역시 현대 작가가 창작한 것입니다. 임진전쟁을 겪은 두 나라 당대 민중의 전쟁관은 고전소설에 더 생생히 반영되어 있습니다. 조선 쪽 작품으로는 『임진록』이 대표적입니다. 여러 지역에서 구전되던 설화를 엮은 이야기라 작가와 창작 시기는 정확히 알 수 없지만, 바로 이 점에서 전후 조선의 정서를 날것으로 접할 수 있습니다. 『임진록』은 이순신, 권율, 신립, 곽재우, 이여송 등 실존 인물의 활약을 사실에 가깝게 서술하는 동시에 허구적인 일화도 사실인 양 삽입하거든요. 사명대사가 일본에 가서 조선인 포로를 데리고 오면서 도술을 부려 일본을 혼내 주는 일화 등은 상처받은 민족적 자존심에 위안을 얻으려는 전쟁 후의 상황을 정확히 반영한 것이라고 생각합니다. 사실은 아니어도 진실이랄까요.

전쟁을 겪고 난 일본인은 임진전쟁과 조선, 자기 나라 일본을 어떻게 생각했을까요? 에도시대 일본인이 지은 고전소설을 읽으면 알 수 있겠지만 현재로서는 전문을 읽을 수 있는 번역본이 없습니다. 하지만 김시덕의 『그들이 본 임진왜란』을 통해 간접적으로 알아볼 수 있습니다. 저자에 의하면 에도시대 200여 년간 베스트셀러였던 『다이코기』와 『도요토미 히데요시보』 등 도요토미 히데요시의 전기물이나 조선정벌기와 같은 군담소설류에 일본인이 자신들의 침략 전쟁을 어떻게 정당화하고 합리화하는지 잘 드러나 있다고 합니다. 저는 특히 일본인들이 '원나라와 고려에 대한 복수'라며 임진전쟁을 정당화하고 있었다는 것, 19세기 중반까지 일본에서 기록된 문헌들이 '조선 침략'을 '정벌'이라고 표기하고 있는 점에 주목하며 읽었습니다.

지금까지 책 이야기를 했지만, 뭐니 뭐니 해도 입체적으로 역사 콘텐츠를 즐기는 최고의 방법은 영화 보기죠. 임진전쟁과 이순신 장군이라면 김한민 감독의 이순신 3부작이 먼저 떠오르네요. 바로 『명량』, 『한산: 용의 출현』, 『노량: 죽음의 바다』죠. 김한민 감독의 영화는 노 젓는 병사인 격군 등 일반 민중도 따뜻하게 등장시킵니다. 제 눈에는 『임진록』과 같은 세계관이 보여 재미있었어요. '역사책과 같이 영화 즐기기'에 대해서는 할 이야기가 너무 많으니 다음 편에 따로 쓰기로 하고 여기서는 이만 줄일게요.

자, 이번에는 박물관에 가 볼까요. 역사를 즐길 때 박물관에 가는 것은 당연한 순서죠. '임진전쟁 특화 박물관'인 국립 진주박물관을 소개합니다. 임진전쟁과 관련한 1차 사료가 풍부한 박물관으로, 2000~2002년에 『임진왜란 사료총서』를 발간한 후 '임진왜란자료 국역사업'도 추진하고 있습니다. 그 첫 성과물이 앞서 소개한 『쇄미록』입니다. 임진전쟁 상설 전시 외에 시기마다 주제별 특별 기획전도 열리니, 검색해 보고 시기에 맞춰 방문해 보세요. 저는 이 원고를 쓰면서 조선 무기 특별전인 「화력 조선, 두 번째 이야기」 전시에 다녀왔답니다.

임진전쟁만 다루는 것은 아니지만 관련 유튜브 영상 중에서는 '화력 조선' 시리즈를 추천합니다, 진주박물관 채널에서 만든 영상인데, 자칭 '전통 화력 맛집'이라는 홍보 문구에 알맞게 전문적인 고증으로 수준 높은 영상을 제작했더라고요. 임진전쟁 때 조총을 쏘는 왜군에 맞서 조선군이 활만 쏜 것이 아닙니다. 당시 조선군의 주력 개인 화기는 소승자총통이었거든요. 제작비 문제 때문에 사극 영화나 드라마에 잘 등장하지 않아서 우리 눈에 익숙하지 않을 뿐이지요. 그런데 화력 조선 시리즈에서는 유물인 화기를 보여 줄 뿐만 아니라 학예사가 참가하여 직접 화기를 제작하고 시범 발사하는 장면도 보여 줍니다. 강추합니다. 한번 보시면 내 안에서 꿈틀거리는 '화력DNA'가 느껴질 겁니다.

자, 이제 임진전쟁 답사 여행을 떠나 볼까요. 행주산성과 진주성, 한산대첩의 배경인 통영 한산도, 명량대첩이 일어난 해남과 진도 사이 울돌목에 가 봅시다. 아산시 음봉면의 이순신 장군 묘소를 참배하고 사당인 아산 현충사, 통영 한산도의 제승당, 통영의 충렬사, 남해의 충렬사에 가서 장군을 기려 보아요. 잘 알려지지는 않았지만 장군의 사당인 충무사와 장군의 유해를 임시로 모신 월송대가 있는 고금도에도 가 볼까요. 월송대는 3개월간 장군의 임시 무덤이었는데 지금도 소나무들이 장군에게 절하는 듯한 모습으로 이장하고 난 빈터를 둘러싸고 있답니다. 또, 전라우수영이 있던 해남, 전라좌수영 본부가 있던 여수의 진남관에 가서 수루에 올라가 보아요. 멀리 보이는 "버려진 섬마다 꽃이 피었"는지 아닌지 (『칼의 노래』의 첫 문장) 확인하고 장군의 시조 「한산섬 달 밝은 밤에」를 읊조려 보아요. 이 시조에 등장하는 한산섬의 수루는 통영시 한산면에 있답니다.

한산섬 달 밝은 밤에 수루戍樓에 혼자 앉아
큰 칼 옆에 차고 깊은 시름 하는 적에
어디서 일성호가一聲胡笳는 남의 애를 끊나니

이순신 장군 관련 답사지는 남쪽 바닷가에 집중되어 있어 여름휴가 때 가족여행으로 가기 좋습니다. 어린 자녀를 둔 분들은 교육 목적으로 일부러 찾아갈 만합니다.

여행이나 답사는 멀리 찾아다닐 시간이나 체력, 경제적 여유가 없다면 좀 힘든 방법이기는 합니다. 그런데 일부러 계획을 세워 떠나지 않아도 우연히 바로 옆에 있는 유적을 찾을 기회가 올 수도 있습니다. 어느 지역에 가게 되면 지도 앱을 켜고 동선 주위에 자투리 시간에 방문할 만한 곳이 있는지 찾아보는 습관을 들여 보세요. 저는 전라남도 구례에서 뜻밖에 이순신 장군의 유적을 방문한 적이 있습니다. 서울행 고속버스표를 사고 남은 시간에 머무를 카페를 찾느라 지도 앱을 열었더니 버스터미널에서 북쪽으로 1.2킬로미터 거리에 조선수군 출정공원이 있더라고요. 이순신 장군이 두 번째로 백의종군하면서 수군을 재건하고 출정식을 했던 곳이라 합니다. 바닷가도 아니고 여기 지리산 자락에서 조선 수군 유적에 가게 될 줄은 상상도 못 했기에 무거운 배낭을 메고 신나서 뛰어갔지요. 공원에는 그 옛날 백의종군하는 장군이 올라앉아 고민했다던 바위가 그대로 있었습니다. 저는 이 바위에 손을 얹고 장군과, 장군을 믿고 따랐던 이름 없는 조상들께 감사 기도를 올렸습니다. 그리고 찾는 자에게 길이 열린다는 것을 믿고, 앞으로도 묵묵히 내 길을 가겠다고 장군님께 약속했습니다. 뭐, 역덕은 이런 소소한 모든 것에 의미를 부여하고 즐기는 존재라죠.

{ 15 }

영화와 함께 읽자

2006년에 개봉한 영화 『다빈치 코드』의 한 장면을 볼까요. 주인공인 기호학자 로버트 랭던(톰 행크스 분)과 암호 해독가 소피 느뵈(오드리 토투 분)는 크립텍스라는 퍼즐 장치의 암호를 풀려고 뉴턴의 무덤을 찾아갑니다. 뉴턴의 무덤은 웨스트민스터 사원 안에 있습니다. 두 사람이 길을 건너 사원을 향할 때, 검은 망토를 두르고 하얀 가발을 쓴 사람들이 거리에 등장하여 사원 안으로 함께 걸어 들어갑니다. 뉴턴의 시대인 17세기 후반~18세기 전반의 차림새입니다. 수세기 동안 변함없는 고딕 사원을 배경으로 과거와 현재 사람들의 모습이 겹치는 그 순간! 저는 소름이 끼칠 만큼 좋았습니다. 평소 제가 역사책을 읽고 사극 영화를 보면서 상상하던 장면이었거든요. 과거와 현재가 한 공간에 있는 장면!

물론 『다빈치 코드』는 사극 영화가 아닙니다. 영화의 완성도나 원작 소설과 영화 내용에 대한 개인적 호불호와도 아무 상관 없어요. 단지 저는 역덕으로서 그 장면이 매우 인상적이었습니다. 암호를 풀려고 주인공이 뉴턴과 그 시대에 대해 그만큼 골똘히 생각했다는 사실을 시각화한 것이라고 느꼈거든요.

네, 이번에는 역사책과 영화를 함께 읽고 보는 이야기입니다. 사극 영화를 보면 역사책을 읽으면서 상상만 하던 장면이 영상 속 과거의 시공간과 겹쳐지면서 어느덧 나 또한 과거의 인물들과 함께 있는 즐거움을 만끽할 수 있습니다. 『다빈치 코드』의 웨스트민스터 장면처럼요.

가장 쉽고 편한 방법은 원작이 있는 영화를 골라서 책과 함께 보는 겁니다. 사학과 수업 교재로 많이 쓰이는 이 방면의 고전적 세트가 있습니다. 영화 『마틴 기어의 귀향』과 내털리 데이비스의 역사책 『마르탱 게르의 귀향』입니다. 책을 원작으로 영화를 만든 것이 아니라, 영화가 먼저이고 책이 나중에 쓰였답니다. 영화 제작에 고문으로 참여했던 역사학자 데이비스가 완성된 영화에 불만을 품고 『마르탱 게르의 귀향』을 썼거든요. 그러니 영화부터 보고, 데이비스가 어느 부분을 강조하여 썼는지 알아보며 책을 읽기를 권합니다. 최근 영화 중에는 2021년에 개봉한 리들리 스콧 감독의 「라스트 듀얼: 최후의 결투」를 추천합니다. 이때는 에릭 재거의 『라스트 듀얼』을 먼저 읽고 영화를 보기를 권합니다. 철저한 고증을 하면서 소설같이 술술 풀어 가는 책도, 원작 내용보다 섬세하게 여주인공의 입장을 살펴 준 영화도 명작입니다.

원작 없는 영화를 본 뒤에 스스로 여러 역사책을 찾아보는 것도 재미있습니다. 리들리 스콧 감독의 2005년작 『킹덤 오브 헤븐』을 예로 들겠습니다. 1184년 프랑스. 평범한 대장장이로 살아가던 발리앙은 친아버지를 만나 십자군에 참가합니다. 자살한 아내와 살인죄를 범한 자신의 구원을 위해서였죠. 그는 사망한 아버지의 작위를 물려받아 이벨린의 영주 자격으로 예루살렘 왕 보두앵 4세를 보필합니다. 정략결혼의 희생자인 시빌라 공주와 사랑에 빠지기도 하고요. 하틴 전투 참패 이후 십자군 측의 지도자가 없는 상황에서 발리앙은 이슬람 대군에 맞서 소수 병력을 이끌고 예루살

렘을 방어합니다. 적장 살라딘과 담판 지어 주민들의 안전을 보장받은 그는 성을 넘기고 시빌라와 함께 고향으로 돌아옵니다. 사자심왕 리처드가 찾아와 3차 십자군 참전을 권하지만 발리앙은 거절합니다. 그는 구원을 찾아 십자군이 되어 성지로 떠났지만 종교를 앞세워 사리사욕을 챙기며 살육을 일삼는 상태를 목격하고 돌아왔기에 깨달은 것이죠. '하늘의 왕국'은 전쟁을 해서라도 차지해야만 하는 특정한 어느 공간에 있는 것이 아니라는 것을. 구원은 종교를 떠나 개개인의 마음에 있다는 것을. 천국의 속성은 증오와 살육이 아니라 자비라는 것을.

영화의 주인공 발리앙 이벨린은 실존 인물입니다. 흥미를 위해 지어낸 출생 사연과 시빌라 공주와의 에피소드만 빼면 2~3차 십자군 원정의 역사와 영화 흐름은 거의 일치합니다. 감독은 비판적 관점으로 십자군 전쟁을 보여 줍니다. 순진하게 종교적 목적으로 참전한 주인공이 현실의 참상을 목격한 후 각성하고 성장하는 과정도 잘 그려져 있습니다. 주인공이 영웅으로 미화된 점은 있지만, 적장인 살라딘의 미덕도 부각시켰기에 큰 문제로 보이지는 않더라고요. 고증도 잘되어 있어 역덕들이 열광하는 영화로 유명한 것이 이해가 됩니다.

이 영화를 보고 난 후, 책을 통해 역사적 사실을 더 알아보고 싶어졌다면? 도서관이나 인터넷 서점 검색창에 관련 시대, 사건, 인물 이름을 쳐 봅니다. 책 목록이 주룩 나올 테니 골라서 읽으면 됩니다. 일단 기본적인 십자군 역사에 대한 책을 읽어야겠죠. '십자군'으로 검색하면 책이 잔뜩 나옵니다. 이중 토머스 매든의 『십자군』에는 십자군의 역사 흐름이 잘 정리되어 있습니다. 다른 십자군 관련 서적에 비해 특히 후기 십자군 서술이 잘되어 있지요. 다음에는 등장인물 이름으로 검색해 볼까요. '발리앙 이벨린'으로 나온 국내 서적은 현재 보이지 않고요, 발리앙에 대해서 가장 많은 분량이 서술된 책은 시오노 나나미의 『십자군 이야기 2』입니다. 이 저자의 사관은 좋아하지 않지만 소개할 수밖에 없네요. 적장 살라딘의 생애를 다룬 책으로는 스탠리 레인 풀의 『살라딘』이 있습니다. 십자군 전쟁의 아랍 측 영웅인 살라딘의 생애를 충실히 보여 주는 책이지요. 십자군 전쟁이 역사에 미친 부정적 영향은 지금도 남아 있습니다. 현대에도 서구 국가들은 이슬람권을 대상으로 군사 작전을 벌일 때 십자군을 운운하기도 하고, 이슬람권에서는 일반적으로 이스라엘을 새로운 십자군 국가로 여기고 있습니다. 그렇다면 유럽인 쪽이 아니라 반대쪽에서도 십자군 전쟁의 역사를 봐야 합니다. 아민 말루프의 『아랍인의 눈으로 본 십자군 전쟁』을 읽어 봅시다. 더불어 현재 팔레스타인의 역사도 찾아 읽으면 영화의 마지막 자막에 나온 '수천 년이 지난 후에도 그곳에는 평화가 오지 않았다'라는 문장을 절대 잊을 수 없을 겁니다.

고대부터 시작해서 통사식 구성으로 영화의 배경 역사를 설명한 책을 기본 교재로 읽으면서 영화를 보는 방법도 있습니다. 제가 가장 좋아하는 책은 차용구의 『로마제국 사라지고 마르탱 게르 귀향하다』입니다. 중세교회사를 전공한 저자는 서양 중세 1000년을 로마제국 멸망 후부터 16세기 프랑스 농촌의 변화까지 총 10편의 영화를 통해 설명해 줍니다. 참고서적 목록도 충실하게 실려 있어서 서양 중세사 독서에 큰 도움이 되지요.

근현대사를 자세히 보려면 연동원의 『영화로 역사 읽기』가 좋습니다. 서양사 전공자이자 영화평론가인 저자는 유럽편과 미국편 2권으로 각각 82편씩 무려 164편이나 되는 영화를 다룹니다. 영화 줄거리를 요약한 후 실제 역사와 비교해서 순차적으로 설명하는 구성이라, 안 본 영화가 많아도 무리 없이 읽을 수 있어요. 유럽편은 「트로이」와 「300」부터 시작하고, 미국편은(엄밀히 말하면 미국, 캐나다) 「1492 콜럼버스」 「포카혼타스」부터 시작하는데, 고대·중세보다 1차대전 이후에 관한 영화가 훨씬 많아서 근현대를 알기에 좋습니다.

아시아 영화 쪽은 책이 많지 않은데, 유재현의 『시네마 온더로드』가 생각해 볼 점이 많았습니다. '영화로 보는 아시아의 역사'라는 부제가 정확히 들어맞지는 않아요. 근현대 위주이고, 아시아 전체가 아니라 동남아와 이란, 아프가니스탄, 팔레스타인을 배경으로 한 영화만 있습니다.

한국 영화로 한국사를 설명한 책은 많이 있습니다. 저는 김정미의 『한국사 영화관』을 좋아합니다. 전근대편과 근현대편 2권으로 통사식 구성에 가깝습니다. 비거나 겹친 시대 배경이 꽤 있어 아쉽지만, 사극 영화가 워낙 특정 시대를 배경으로 많이 제작되니 어쩔 수 없겠다 싶어요. 참고문헌 자료도 실려 있어서 영화를 보고 나서 책을 찾아 공부하기에도 좋습니다.

사극 영화를 보면 타임머신을 타고 시공을 초월한 역사의 과객이 되어 현장을 목격하는 즐거움을 느낄 수 있습니다. 그런데 SF 영화를 보면 타임머신을 탈 때 가고 싶은 시간과 장소를 정확히 세팅해 넣어야 하더라고요. 앗, 그렇다면 미래에서 온 타임머신이 갑자기 내 앞에 나타난다 해도 좌표를 입력할 기본적인 역사 지식이 없다면 무용지물! 평소에 미리미리 역사책 읽으며 우리 집 마당에 등장할지도 모를 타임머신을 기다려 봅시다. 그럼 영화관에서 역사책을 읽는 즐거운 작업을 시작해 볼까요. 다 타셨나요? 타임머신 문 닫습니다. 출발!

{ 16 }

기록을 하자

독일 중세 전설에 등장하는 파우스트 박사는 무한한 지식과 세속의 쾌락을 얻으려고 악마에게 영혼을 팔죠. 우리 독서인이 무한한 지식과 앎의 쾌락을 얻기 위해 대가로 지불하는 것은 우리의 시간입니다. 그러니 내가 그동안 무슨 책을 읽었는가를 기록해 두는 것은 매우 중요합니다. 나의 시간, 즉 인간으로서의 유한한 생명을 무엇과 바꾸었는가에 대한 문제니까요. 네, 이번에는 독서 후 기록하는 방법에 대한 이야기입니다. 악마는 안 나옵니다.

책을 많이 읽다 보면 독서 기록을 해 두어야겠다는 결심을 자연스레 하기 마련이죠. 역덕 스타일로 말하자면 내가 읽은 책 리스트가 나의 역사 기록물이니까요. 그러나 결심을 실천에 옮기기란 쉽지 않습니다. 우선은 한정된 시간 때문입니다. 학교나 직장에 다니고 가족과 본인의 생활을 돌보고 나면 나 자신을 위해 쓸 시간은 늘 부족합니다. 그 시간을 아껴서 책을 읽는 것인데, 기록에 시간을 들이느니 차라리 책을 한 쪽 더 읽겠다는 생각이 들기도 합니다. 어린 시절에 억지로 독후감을 썼던 경험이 있다면 마음이 안 내키기도 하죠. 독서 계기, 저자 소개, 줄거리 요약, 내 감상 등 정해진 규칙에 따라 써야 할 것 같아 부담스럽기도 하고요.

편하게 생각합시다. 숙제로 제출하는 것도 아니고, 독후감 대회에 응모하는 것도 아닙니다. 악마가 억지로 시킨 것도 아니에요. 나의 편리를 위해 나의 성과를 기록해 두는 겁니다. 누가 볼까 걱정하지 마세요. 우리는 어른이 되어서도 부모님이나 선생님 대신 마음속의 검열자 눈치를 보곤 하는데 그럴 필요 없습니다. 감명 깊게 읽은 책이니 시간을 들여서라도 훌륭한 리뷰를 쓰겠다는 헛된 결심도 버립시다. 완벽을 추구하려 하면 무언가를 새로 시도하기가 힘듭니다. 저도 그런 성격이라 잘 알거든요. 글을 잘 쓰려고 준비만 오래 하다 결국 마감일을 어기게 되죠. 원고가 오기만을 학수고

대하시는 출판사 대표님과 담당 편집자님의 미모만 상하게 만드는 일이 생겨 버립니다. 아, 이건 아니고.

일단 읽은 책 제목을 간단하게 메모하는 것부터 시작해 보아요. 읽은 날짜와 저자, 역자, 출판사도 같이 적어 둘까요. 다이어리나 노트에 손글씨로 적어도 좋고, 컴퓨터에 파일을 만들어 문서로 작성해 두어도 좋습니다. 인스타그램 같은 SNS에 책 사진을 올려 두는 방법도 있습니다. 어디든 내가 자주 접하는 곳을 선택하면 됩니다. 시작 단계에서는 기록하는 습관을 들이는 것이 목표니까요. 나에게 편리한 기록 수단, 시간 많이 걸리지 않고 오래오래 지속할 수 있는 방법을 택하는 것이 중요합니다.

읽은 책 제목 정도를 간단하게 기록하는 일에 익숙해지면, 혹은 처음부터 좀 길게 기록하고 싶다면 페이스북이나 블로그 등을 이용하면 좋습니다. 특히 예스24나 알라딘 등 인터넷 서점의 블로그를 추천합니다. 컴퓨터에 문서 파일을 만들어 기록하는 방법도 있지만 서점 블로그를 개설하면 기존에 있는 틀을 이용하면 되니 훨씬 편합니다. 내가 읽은 책을 검색해서 리뷰를 쓰기도 간단하고, 출판사의 소개글과 다른 독자들이 쓴 리뷰도 한눈에 볼 수 있고요. 같은 저자의 다른 책이라든가 그 출판사의 시리즈 책 등 다음에 읽을 책을 찾기에도 유용합니다.

서점 블로그라고 전문 리뷰어처럼 긴 리뷰만 올려야 하는 것은 아닙니다. 간단한 별점평과 몇 줄짜리 리뷰만 써도 됩니다. 처음에는 짧게 쓰다가, 익숙해지면 그때부터 긴 글을 써 보세요. 책 내용을 요약 소개하지 않아도 됩니다. 내용이야 언제든지 그 책을 들춰 보면 안에 그대로 있는걸요. 어디 도망가지 않습니다. 하지만 책을 읽으면서 든 생각과 느낌은 바로 사라집니다. 생각하고 느낀 그때 얼른 신선한 상태로 잡아서 가둬 두어야 합니다. 짧게 쓸 때에는 느낌 위주로 쓰는 편이 낫습니다.

긴 글이 잘 안 써진다면, 쉬운 방법이 있습니다. 처음부터 완벽한 문장으로 쓰지 않습니다. 책을 읽고 나서 떠오르는 키워드부터 몇 개 써 봅니다. 다섯 개 정도의 키워드를 몇 줄씩 간격을 두어 써 놓고, 다음에는 각 키워드 아래 빈 부분에 키워드에 대한 내용을 문장으로 적어 봅니다. 이렇게 하면 다섯 개 키워드에 3줄씩만 적어도 전체 5문단 15줄짜리 리뷰 한 편을 뚝딱 쓸 수 있어요. A4용지 반 장 분량의 리뷰가 금방 완성되는 거죠! 참 쉽죠?

책을 다 읽기는 했지만 어려웠다면 다 이해하지 못했다고 솔직하게 쓰면 됩니다. 나중에 독서 이력이 더 쌓인 후 그 책을 다시 읽으면 분명 전보다 많이 이해하게 됩니다. 그때 원래 리뷰에 덧붙여 더 써 보세요. 내가 조금 더 발전했다는 사실을 쓰면서 확인할 수 있을 거예요. 이런 경험이 반복되면 책을 읽고 기록하는 것이 점점 재미있어진답니다.

둘 다 긴 글을 올릴 수 있지만 저는 페이스북보다 블로그를 권합니다. 리뷰를 카테고리별로 분류하여 저장할 수 있기 때문입니다. 역사서를 주로 읽는다면 한국사, 유럽사, 영국사, 미국사, 중국사, 일본사… 이렇게 지역별/국가별로 정리해 둘 수도 있고, 음식사, 마녀의 역사, 해적의 역사 등 관심 분야별로 정리할 수도 있습니다. 장기적으로 계획을 짜서 역사 책을 읽을 결심을 했다면, 처음부터 읽은 책을 분류해서 기록하기를 강하게 권합니다. 나중에 그 기록을 이용해 본인의 콘텐츠를 빨리 만들 수 있거든요.

혼자 외로이 읽다 보면 '내가 무슨 부귀영화를 누리겠다고 이러고 살까, 책을 쓸 것도 아닌데'라는 생각이 들 때가 있죠. 독서 기록을 열정적으로 해 놓으면 보기만 해도 뿌듯하고 연말 독서 결산을 할 때도 보람차지만, '이걸 어디에 쓸까? 시간 낭비 아닐까?' 싶기도 하죠. 그런데 쓸데, 있습니다. 책 쓰는 일 아니더라도 이 기록을 활용할 일이 생깁니다. 반드시 생깁니다. 배워서 남 주고, 읽어서 남 줄 기회가. 우연히 찾아온 기회를 자신 있게 날쌔게 잡아서 그동안 읽으며 쌓은 실력을 보여 주려면, 평소에 읽은 내용을 미리 정리해 두고 있어야 합니다. 갑자기 집에 손님이 오더라도 냉장고에 제대로 손질해 놓은 재료가 있다면 당황하지 않고 척척 요리를 만들어 금방 대접할 수 있듯이요.

남들이 다 보는 블로그에 공개적으로 리뷰를 올린다는 것이 부담스러울 수 있지만, 바로 그 점이 장점이 된답니다. 공개된 글을 쓴 덕분에 친구를 만날 수 있거든요. 서점 블로그에는 다른 SNS보다 책을 좋아하는 사람들이 모여 있다는 확실한 공통점이 있기에 다른 사람과 교류하기가 그리 어렵지 않습니다. 무작정 모욕적인 댓글 다는 사람도 거의 없습니다. 여기서 제 경험을 말씀드려도 될까요. 저는 서점 블로그에 읽은 책을 기록하고 있습니다. 15년 전, 어떤 책 리뷰를 올렸을 때 일입니다. 저는 그 책에 별점 1개를 달았는데 같은 책에 별 5개를 준 어떤 블로거가 제 리뷰를 보고 찾아온 거예요. 묻더군요. 별점을 그렇게 준 이유를. 댓글로

대화를 나눈 후 서로 납득, 친구가 되어 현재까지 잘 만나고 있죠. 그 블로거는 '한 놈만 패는 독서법'이란 댓글을 단 친구와 직장인 밴드를 결성해서 저의 출간기념회 때 축하 공연을 해 주기도 했습니다. 블로그에 리뷰를 쓰지 않았더라면 만나지 못했을 인연입니다. 제가 직장인으로 주경야독하며 살다가 첫 책을 내고 작가의 길에 들어서게 된 것도 블로그에 역사책 리뷰를 많이 써 놓은 덕에 생긴 기회였습니다. 신기하죠? 혼자 읽었는데 사람과 연결된다는 것이요. 저도 겪기 전까지는 몰랐습니다. 그러니 악마와 거래하지 말아요. 오직 시간과 기록의 힘을 믿기로 해요.

아, 쓰고 보니 유명 작가도 아닌데 제 경험을 예로 든 것이 창피하네요. 기록의 힘을 잘 드러내는 역사책을 한 권 추천할게요. 조엘 해링톤의 『뉘른베르크의 사형 집행인』입니다. 16세기 실존 인물인 프란츠 슈미트는 아버지 때부터 부당하게 사형 집행인, 이른바 망나니라는 천민이 되었습니다. 하지만 그는 존경받는 사람이 되고자 노력하고 자신이 하는 일을 성실하게 기록하여 황제에게 호소합니다. 그리고 마침내 대대로 차별받을 운명에서 벗어나게 되지요. 이렇게 기록은 운명을 바꾸기도 한답니다.

네, 지금 바로 독서 기록을 시작해 보세요. 멋지게 길게 잘 쓰는 것보다 내 시간과 마음의 여유에 맞게 꾸준히 기록하는 것이 더 중요합니다. 이왕이면 공개적으로 기록을 하세요. 한 권 한 권 읽은 책이 징검다리가 되어 다른 기회, 다른 인연, 다른 운명을 만나게 될 겁니다. 내가 이런 콘텐츠를 가진 사람이라고 세상에 드러내야 기회와 인연이 다가옵니다. 사람 일 모릅니다. 악마도 모를 거예요.

{ 17 }

어떤 역사가 어떤 계기로 조명되는지 살피며 읽자

모처럼 책을 읽으려 해도 무슨 책을 골라야 할지 난감할 수 있습니다. 그럴 때는 대개 베스트셀러나 여러 매체에서 언급한 책을 선택하게 됩니다. 역사책라면 유명인이 쓰거나 추천한 책, 영화나 드라마, 다큐멘터리로 뜬 인물과 그 시대 배경을 다루는 책을 고르기 쉽습니다.

그런데 이때 유의할 점이 있습니다. 모든 창작물이 그렇듯 역사 해석에도 흐름과 유행이 있기 때문입니다. 의심해 봐야 합니다. 이 시대에 일어난 사건을 왜 지금 다큐멘터리로 만들었을까요? 이 인물이 왜 갑자기 조명되어 그를 다룬 역사책, 소설, 영화와 드라마가 유행하고 있을까요? 이 인물이 국민 영웅으로 여겨지면 앞으로 사람들의 가치관이 어떻게 변화할까요? 이런 변화는 사회에 어떤 영향을 미치게 될까요? 주의해야 합니다. 현실의 이익을 수호하는 어떤 주장을 하기 위해서 역사적 사실을 의도적으로 이용하는 경우가 꽤 많습니다.

1960~1980년대에 초·중학교를 다닌 분들은 이순신, 김유신, 화랑 관창, 계백, 논개 등의 인물을 강조하는 교육을 받았던 기억이 있을 겁니다. 이상하지 않나요? 애들한테 관창과 논개를 본받으라는 게 말이 됩니까. 어른들이 싸워야지 왜 아이더러 전쟁 나가서 죽으라고 합니까. 어린애들에게 아군의 사기를 북돋을 전쟁 소모품이 되라고 세뇌하다니요. 그때는 박정희에서 전두환으로 이어지는 군사독재 시대였습니다. 자신들의 집권을 정당화하기 위해 전쟁 영웅을 예찬했던 거죠. 계백의 가족 살해는 왜 미화합니까. 가부장제 악습까지 더하니 정말 답이 없었네요. 네, 그래서 어떤 인물을 위인이라고 띄우고 본받으라고 할 때는 그 의도를 의심해야 한다고 저는 생각합니다. 물론 이순신 장군처럼 알수록 매력적인 인물도 있지만요.

이웃 나라 중국의 위인 이야기로 넘어갑니다. 명나

라에 정화라는 인물이 있었습니다. 환관인 정화는 영락제의 명령을 받아 1405년부터 1433년까지 수백 척의 선단을 지휘해 일곱 차례나 남해 원정을 떠납니다. 중국 남동부 해안선을 따라 인도네시아, 베트남, 태국, 캄보디아, 스리랑카, 인도, 서남아시아 지역을 항해합니다. 일부는 아프리카 동부의 탄자니아와 케냐 지역에까지 다녀왔다고 합니다. 정화의 함대는 8천 톤급 대선박이 중심이 된 62척의 대형 함선과 100척의 소형 선단에 승무원 약 2만 8천 명을 태우고 18만 5천 킬로미터 거리를 항해했는데, 이는 당시 세계 최대 규모의 해외 원정이었습니다.

이후 명의 해상 정책은 쇄국정책으로 돌아섭니다. 남해 원정 사업으로 주변국과 외교 관계가 확대되고 교역도 이루어졌지만 투자에 비해 실익이 적다고 판단했기 때문입니다. 명은 조공 무역과 국가가 허락한 항구에서 하는 공적인 무역 외에 민간 무역을 통제하고 해안을 봉쇄하는 해금정책을 취합니다. 원정 선단은 해체되었습니다. 배는 뜯어서 연료로 쓰고 선원들은 노동자나 군인으로 삼았습니다. 정화의 원정 기록도 불태워져서 항해를 통해 얻은 지식은 활용되지 못했습니다. 콜럼버스 이전 최대의 해양 업적은 이렇게 역사에서 사라지고 맙니다. 이후 유럽은 대항해시대를 맞이했지만 중국은 그렇지 못했습니다. 내륙의 유목민에 대처하느라 유럽처럼 해양 진출에 국력을 기울일 수 없었기 때문이죠. 그 결과가 아편전쟁 패배 등 우리가 아는 중국의 근대사입니다.

역사에서 지워진 정화를 다시 불러낸 사람은 청나라 말기의 개혁가 량치차오입니다. 캉유웨이의 제자로 변법자강 운동을 주도한 그는 중화민국 건국 이후에는 대학에서 강의하며 연구에 몰두했기에 사학자로도 유명합니다. 량치차오는 나라가 위기에 처했을 때 단결하게 만드는 힘이 역사에 있다고 생각했습니다. 미래의 주인공인 소년에게 꿈을 주고자 장건, 반초, 정화 등 중국의 영역을 확대한 인물들의 전기를 많이 썼는데, 1905년에는 정화의 남해 대원정 500주년을 기념해서 『조국 대항해가 정화전』을 발표하기도 했죠. 이후 정화는 또 잊히고 맙니다. 1980년대에 덩샤오핑이 개혁개방에 힘을 불어넣기 위해 바다로 진출했던 정화를 되살리기도 했지만, 본격적으로 정화 추모와 연구 열기가 불타오른 시기는 2000년대 이후였습니다.

2005년 여름, 정화의 대항해 600주년을 기념하는 행사가 성대하게 치러집니다. 중국 국가박물관에 '정화하서양鄭和下西洋 600주년' 기념 전시가 개최됩니다. 중국 정부는 정화가 바다로 나간 7월 11일을 '중국항해일'로 제정하고 그날 푸젠성의 취안저우에 정화 동상을 세웁니다. 정화의 항해를 다루는 책이 많이 출간되어 유명 서점 베스트셀러 코너에 전시됩니다. 정부의 지도 아래 정화는 영웅으로 추앙됩니다.

이듬해인 2006년 11월, CCTV에서 제작한 다큐멘터리 「대국굴기」가 방영됩니다. 포르투갈, 네덜란드, 스페인, 영국, 독일, 프랑스, 미국, 러시아, 일본 9개국이 대항해시대 이후 500년 동안 대국으로 굴기하는(우뚝 일어나는) 과정을 다룬 총 12부 대작이죠. 이 시리즈는 중국 전역에서 큰 호응을 얻습니다. 중국이 바다로 눈을 돌려 해외 식민지를 건설한 제국주의 국가들에 새삼 관심을 갖고 열광한 이유는 무엇이었을까요? 이제 하청받는 세계의 공장 역할을 넘어, 해외시장을 공격적으로 개척할 필요가 있었기 때문이었죠. 네, 현대의 제국주의 경제대국인 미국이 차지하고 있는 세계시장을 중국 중심으로 돌려야 한다는 생각에 중국은 과거로부터 교훈을 얻으려 대항해시대의 역사를 되새기게 된 것입니다. 이 맥락에서 잊혔던 정화와 그가 주도한 자랑스러운 중국의 항해 역사도 불러내게 되었고요. 그리하여 정화의 일생은 2009년에 드라마로까지 제작됩니다.

2013년 시진핑 중국 국가주석은 중앙아시아 및 동남아시아 순방에서 '일대일로 전략'을 제시합니다. 이는 향후 35년 동안(2014~2049년) '신실크로드 경제권'을 형성하고자 하는 중국의 국가 전략입니다. '일대'는 중국-중앙아시아-유럽을 연결하는 '실크로드 경제벨트'이며 '일로'는 중국-동남아시아-서남아시아-유럽-아프리카로 이어지는 '21세기 해양 실크로드'를 의미합니다. 이 정책의 실현을 위해, 중국 정부는 정화가 계속 필요합니다.

정화는 중국사뿐만 아니라 세계사에서 중요한 인물입니다. 정화의 시대 이후 중국의 해상 후퇴와 유럽의 해상 팽창은 세계사의 큰 흐름을 갈라놓는 분기점이 되었습니다. 분명 눈여겨볼 만한 인물이긴 합니다. 그러나 중국 정부의 대외정책과 관련해서는 최근 정화를 재조명하는 의도를 경계하며 봐야 합니다. 국경과 바다를 통해 중국과 마주한 우리로서는 더더욱요.

위인으로 존경받는 인물이 알렉산더, 나폴레옹처럼 영토를 확장하는 고전적 영웅에서 해외시장을 개척하는 영웅으로 바뀌는 20세기 후반~21세기의 경향도 눈여겨볼 만합니다. 다른 이웃 나라인 일본도 그 많은 사무라이 전쟁 영웅보다 사카모토 료마가 일본인이 존경하는 인물 1위로 인기를 얻고 있으니까요. 에도막부 말기의 청년지사 료마는 삿초동맹을 성사시켜 메이지유신의 기반을 닦은 인물입니다. 그런데 생존 당시는 물론, 사후에도 높은 평가를 받지 못하다가 1960년대부터 위인으로 존경받기 시작합니다. 시바 료타로의 소설 『료마가 간다』가 계기가 되기도 했지만, 료마가 전후 고도경제성장기의 일본이 찾던 영웅상에 부합했다는 시대 상황도 중요합니다. 그는 다른 지사들과 달랐습니다. 외세 앞 위기에 처한 일본의 현실을 타개하려고 무력이나 정치 책략에만 의존하지 않았습니다. 생각을 전환해서 사쓰마 번과 조슈 번 양쪽에 서로 이익인 상거래 동맹을 제안했지요. 이 대목에서 패전국에서 경제대국으로 성장하기를 원했던 1960년대의 일본은 료마의 경제적 합리성을 높이 평가한 거죠. 이렇듯 어떤 인물이나 사건, 시대가 주목받는 것은 당대의 현실적 필요와 밀접한 관련이 있답니다.

어떤 시대는 그 시점에 필요한 특정 인물을 영웅으로 불러내곤 합니다. 그러니 책은 물론 영화, 드라마, 다큐멘터리 등 역사 콘텐츠를 접할 때는 주의합시다.

역사 해석에도 유행이 있으니 어떤 인물이나 시대가 재조명될 때에는 그 이유를 알아봐야 합니다. 이웃 나라 중국과 일본의 경우는 물론 우리나라 안에서도 마찬가지랍니다.

{ 18 }

인물 이야기를 복용하자

살다 보면 현재가 너무 비참하고 미래도 암담하여 아무런 의욕도 없는 시절이 닥칠 수 있습니다. 마음의 병은 몸으로도 나타나기 마련입니다. 못 먹고 못 자고 감각이 없다고 여겨지는 머리카락까지 아프면 어떻게 해야 하나요? 병원에 가야겠죠. 전문의에게 진단받고 약을 처방받아 복용해야겠죠. 그리하여 신체 증상은 호전되었지만 내 마음은 여전히 어둠이라면, 부조리한 현실에 충격을 받아 이런 세상에 살고 싶지 않은 것이 근본적인 문제였다면 어떻게 해야 할까요? 당장 세상을 바꿀 수는 없는데, 하루하루 버티기에 내 앞에 남은 시간이 너무도 길어서 절망적이라면? 이럴 때는 약 복용하듯 꾸준히 역사책을 읽어 보길 권합니다. 특히 역사 속 인물을 다룬 책을요.

비장한 내레이션이 특징인 「킬리만자로의 표범」이란 노래를 들어 볼까요. 가사에 '이 큰 도시의 복판에 이렇듯 철저히 혼자 버려진들 무슨 상관이랴. 나보다 더 불행하게 살다 간 고호(고흐)란 사나이도 있었는데'라는 대목이 있습니다. 네, 그랬네요. 나만 불행한 것은 아니네요. 고흐도 있었죠. 단순하게 예를 들었지만, 이렇게 나보다 앞서 치열하게 살다 간 다른 이들의 삶을 떠올리면 현실을 버티고 미래를 설계하는 데 꽤 도움이 됩니다.

잠깐, 인물 이야기를 약처럼 복용하라는 것은 '그래, 고흐도 있었지. 그에 비하면 나는 행복해. 그러니까 참고 살아야지'라고 여기라는 의미는 아닙니다. 인간이 삶을 비교하려면 자신의 과거하고만 비교해야지, 남의 삶과 비교해서는 안 된다고 생각합니다. 제 말은 미래의 유령을 만나서 자신의 사후를 미리 보고 개심한 『크리스마스 캐럴』의 스크루지처럼, '내가 지금 같은 상태로 계속 산다면 훗날 어떤 사람이 되어 있을까?' 예측해 보고, 앞으로 닥칠 인생의 갈림길에서 최선의 선택을 하기 위해 역사 속 인물에 관한 책을 읽고 도움을 얻어 보자는 의미입니다.

이 방법은 아마 경험해 보셨을 겁니다. 네, 맞아요. 위인전 읽기. 요새는 위인전이라 하지 않고 인물 이야기라고 합니다. 장르의 이름만 바뀐 것이 아니에요. 예전 위인전집 구성과 다르게 전쟁 영웅이나 왕 외에 다양한 능력과 개성을 발휘한 사람들의 이야기가 많이 나와 있습니다. 부자들의 이야기가 많아지는 현상은 꺼림칙하지만, 그래도 전보다 선택의 폭이 넓어졌으니 저마다 상황에 맞게 책을 골라 복용해 보면 어떨까요.

저의 복용법을 말씀드려 볼까요. 실패하면서도 절망하지 않고 계속 도전한 사람들, 당대에 크게 인정받지는 못했지만 고집스레 성과물을 남긴 사람들, 조용히 준비해서 세상에 기여한 사람들의 이야기를 저는 좋아합니다. 특히 힘든 상황일 때는 고난 속에서 오랜 시간을 보냈지만 장기적으로는 역사에 이름을 남긴 분들의 일대기를 읽는 것이 큰 도움이 되더라고요. 또 나이 많은 여자는 쓸모없다고 세뇌하는 성차별 사회에 살면서 한 인간으로서 존엄을 지키고 마음에 병을 얻지 않기 위해 나이 들어서 자기 꿈을 이룬 여성들의 삶을 알아보는 것도 유익했습니다. 물론 성별을 떠나, 세상의 편견에 맞서 꿈을 이뤄 가는 사람들의 이야기는 일종의 좌절 방지약입니다. 약기운 떨어지기 전에 미리미리 읽어 주면 좋습니다.

역덕으로서는 자신의 시대를 냉철히 고찰하는 한편 새 시대를 그리며 꿋꿋이 살아간 역사가들의 삶과 저술을 함께 읽으면 가슴이 뛰곤 합니다. 사마천. 그는 궁형의 치욕을 견디고 살아남아 『사기』를 썼습니다. 프랑스 아날 학파의 대표 학자 마르크 블로크. 그는 강단에만 머무르지 않고 2차대전 당시 레지스탕스에 자원하여 활동하다가 독일군에게 총살당했습니다. 관심이 간다면 『봉건 사회』 등 역사 저작물과 함께 블로크 본인의 목소리를 그대로 드러낸 『역사를 위한 변명』을 읽어 보세요. 삶과 저작물의 관계를 보여 주는 역사가로 거다 러너도 살펴볼까요. 대표작 『가부장제의 창조』에 이어 『왜 여성사인가?』를 읽어 보면 유대인/여성/망명자라는 세 겹의 타자로서의 정체성을 고민하다 흑인 여성의 역사를 연구하고, 미국에 여성사라는 분야를 학문으로 확립한 역사가가 되기까지의 여정이 의미 있게 다가올 겁니다.

제가 복용해서 가장 뛰어난 효과를 본 전기 작가는 슈테판 츠바이크입니다. 그는 나치의 탄압을 피해 망명하던 도중 스스로 목숨을 끊었습니다. 『마리 앙투아네트』가 유명하지만 저는 『다른 의견을 가질 권리』와 『에라스무스 평전』, 『아메리고』를 좋아합니다. 시대의 폭력에 외롭게 저항하거나 묵묵히 자신의 길을 갔던 과거 인물의 이야기를 차분히 들려주면서 저자 자신이 살고 있는 현 시대의 폭력까지 고발하고 있거든요. 서구 백인 남성 저자로서의 한계도 보이긴 하지만, 문체와 인간 심리 묘사는 정말 탁월하죠.

한동안은 츠바이크의 전작을 마구 읽어 댔습니다. 좀 부끄럽지만, '이건 내 이야기인가!' 하며 울면서 감정이입하였죠. 그러다 문득, 궁금해지더라고요. 모든 작품이 그렇지만 예를 들어 『위로하는 정신』에서, 작가는 몽테뉴의 마음속을 어떻게 다 알고 이렇게 묘사했을까요? 아하, '이건 몽테뉴에 빗대어 츠바이크 자신의 마음을 쓴 것이구나' 하는 생각이 들었습니다. 16세기 광란의 종교전쟁에서 거리를 두고자 하는 몽테뉴의 의지는 바로 20세기 나치시대 독일의 야만을 거리를 두고 비판하는 츠바이크의 의지였죠. 아하, 그분이 오셨습니다. 신내림처럼 깨달음, 깨달음이란 분이.

그렇다면 인물 이야기를 읽으면서 어느 인물에, 어떤 삶의 고난에 내가 몰입하게 되는가를 살펴보면 내가 현재 처한 문제도 보이지 않을까요. 아하, 역사의 길을 돌아, 여러 인물을 거쳐 만나게 되는 것은 결국 나 자신이었군요. 중요한 것은 내 시대의 야만을 헤쳐 나갈 나의 의지였군요. 이를 알게 되었으니 약을 끊을 때가 된 건가요? 아니죠. 이제 인물 이야기나 역사책은 약이 아니라 밥이 되는 거죠. 나의 일용할 양식, 즉 나의 에너지원이 되어 내가 목표를 향해 달리게 해 주는.

신이 아닌 인간은 알 수 없습니다. 내가 겪는 고통이 언제 끝날지, 끝나지 않고 영원히 지속될지. 인간으로서 할 수 있는 최선의 일은 고통을 겪는 동안에도 나의 존엄을 지키고, 주위 사람들을 아끼고 사랑하며, 시간이 흐른 뒤의 내 모습을 예상해 필요한 준비를 해 두는 것뿐입니다. 이 과정에 나보다 앞서 살아갔던 사람들의 이야기를 읽어 두면 도움을 받을 수 있습니다. 다른 삶 읽기를 통해 다른 삶을 살아 보면, 현생에서 보다 여유로운 시각을 갖고 내 삶의 문제에 대처할 수 있습니다. 응원하는 스포츠 팀이 중요한 게임에서 아슬아슬하게 이겼다는 결과를 알면서 재방송을 볼 때와 같은 여유지요.

그러니 살다가 힘들 때 약을 복용하듯, 여러 시대에서 여러 상황에 처한 인물들의 이야기를 읽어 봅시다. 나를 보다 지혜롭게 만들며 고통의 시간을 통과해 봅시다. 인물 이야기를 약처럼 복용하는 이 방법, 분명히 본인의 성장에 도움이 될 겁니다.

이번 이야기는 좀 어둡군요. 쓰는 데 오래 걸리기도 했습니다. 인물 이야기를 약처럼 복용하게 된 계기를 써야 할지 말아야 할지 고민했거든요. 저는 작가가 되기 전에 직장 성폭력 사건을 겪었습니다. 형사·민사 재판 모두 이겼으나 오랫동안 후유증을 앓았는데, 가해자 쪽 사람들만이 아니라 나와 가까운 사람들마저 나를 비난하는 상황에 큰 충격을 받았기 때문입니다. 누가 악인이어서가 아니라, 워낙 사회에 성차별 문화가 만연해서 일어난 일이었죠. 이 암담한 시간을 저는 역사책 복용으로 버텼습니다. 이 내용은 전작 『제가 왜 참아야 하죠』에 자세히 썼지만 한 번 더 밝힙니다. 제 경험담이 필요하신 분이 계실지도 모르니까요. 그리고 저는 성폭력 사건의 증인이 아니라, 여성이 성폭력 사건을 고발하면 인생을 망친다는 세상의 편견을 깨는 증인이 되고 싶거든요. 이를 증언하는 데에 작가로서의 사명감도 느낍니다.

이 글을 읽는 당신이 어떤 어려운 시기를 지나는 중이더라도, 끝내 자기 역사의 주인이 되길 바라는 마음으로 제 사연을 덧붙여 봅니다.

{ 19 }

한국 현대사를 읽자

"불이 낫써. 함무니가 막 뛰어갓써. 근데 함무니가 넘어졋써. 불이 크게 낫써…"

큰조카가 아기였을 때 일입니다. 집에 불이 났습니다. 요리하다가 기름이 넘쳐서 생긴 사고라, 가스레인지 주변만 조금 그을리고 큰 피해는 없었습니다. 살다 보면 이런 일이 생길 수도 있으려니, 어른들은 청소를 하고 지나쳤습니다. 그러나 어린 조카는 큰 충격을 받았나 봅니다. 이후 잘 놀다가도 갑자기 이 말을 반복하며 울곤 했습니다. "불이 낫써. 함무니가 막 뛰어갓써. 불이 크게 낫써… 꺼억, 그래서 떠누가 무서웠써, 엉엉…"

아무리 달래고 안심시켜도 아이는 말하고 또 말하며 꺽꺽대고 울었습니다. 나중에는 듣기 싫으니 그만하라고 어른들이 야단도 쳤습니다. 그래도 계속 말했습니다. 아, 당시 아장아장 걸으며 혀 짧게 말하던 조카는 자기 이름을 '떠누'라고 발음했답니다.

저는 조카가 울면서 같은 말을 되풀이할 때마다 가슴 아팠습니다. 아이를 안아 주는 한편, 궁금하더군요. 울면서도 화재 장면을 거듭 말하며 그 순간을 재현하는 이유가 뭘까요. 화재가 뭔지도 모르는 어린아이였습니다. 어른들이 생각하기에는 조그만 소동이었지만 조카는 집에 불이 난 상황을 태어나 처음 본 것입니다. 그렇다면 자신이 본 것이 무엇이었는지, 그 일을 도대체 왜 겪어야 했는지 납득할 수 없었기에 실제보다 엄청난 재앙으로 기억에 남은 건 아니었을까요. '…그래서 떠누가 무서웠써.' 네, 아마도 조카는 너무나 무서웠기에 계속 말하고 또 말할 수밖에 없었을 것입니다. 트라우마에 시달리는 모든 참사 생존자가 그러하듯이요.

시간이 흘렀습니다. 언제부터인가 조카는 불났을 때 이야기를 하지 않았습니다. 하지만 저는 조카를 보면서 이따금 그 장면을 떠올리곤 했습니다. 어느 때인가, 깜짝 놀랐습니다. 불난 당시 이야기를 하고 또 하는 기억 속 어린 조카의 모습에 제가 싫어했던 어른들 모습이 겹쳐 보였기 때문이었습니다.

어릴 적에 저는 주위 어른들이 이상해 보였어요. 6·25 전쟁 때 이야기를 하고 또 하고, 어려서 밥 굶은 이야기를 하고 또 하고. 듣기 지겨워서만은 아니었습니다. 저는 떡잎부터 역떡잎이었기에 옛날이야기 듣는 것을 좋아했거든요. 단지 어른들이 뜬금없이 저에게 화를 내는 것이 싫었습니다. “우리는 고생했는데, 요새 젊은 것들은 너무 편히 산다”면서 “요새 것들은 좀 맞아 봐야 해, 굶어 봐야 해”라는 엉뚱한 결론을 내리다니요? 자신보다 어린 사람들이 과거의 자신보다 편하게 살고 있다는 이유로 못된 것들이라 비난하다니요? 저는 생각했습니다. 같은 민주공화국에 살고 있는 동료 시민인데, 아무리 어른이라고 해도 이거 너무 무례한 거 아닌가, 하고요. 특히 밥을 잘 먹지 않는다고 “왜 나를 무시하냐? 얘는 굶어 봐야 해. 전쟁이 또 나서 고생해 봐야 해” 하며 어린 저를 때리던 아버지를 도저히 이해할 수 없었죠. 아니, 무시했다면 밥을 무시했지 아버지를 무시한 것은 아니잖아요? 게다가 겨우 딸아이 밥 많이 먹게 하자고 전쟁 발발을 기원하다니, 이 얼마나 무책임한 발언인가요?

전쟁 이야기를 반복하던 어른들 역시 그랬던 걸까요. 자신이 겪은 사건이 이해되지 않았기에, 여전히 무서웠기 때문에 불이 났던 상황을 계속 말할 수밖에 없는 어린아이 같은 심정이었을까요. 어떤 충격적인 사건 때문에 고통받은 사람의 의식은 시간이 흘러도 그 사건이 벌어진 당시에 멈추어 있는 법이니까요. 그렇다면 가스통 메고 태극기 휘날리며 시위에 나선 할아버님들은 "니들이 전쟁을 알아? 자유 대한 수호!"를 외치지만 진짜 하고 싶은 말은 "나는 전쟁과 가난을 겪으며 무섭고 힘들었다. 이런 나의 마음을 알아 달라!"는 것 아닐까요. 자신은 여전히 괴로운데, 자신이 왜 그런 고통을 겪어야 했는지 나이가 들어도 세월이 흘러도 납득할 수 없었던 것 아닐까요.

사람이 고통스러운 기억을 불러내서 계속 말하는 것은 과거 사건에 여전히 분노하고 있기 때문일지도 모릅니다. 그렇다면 계속 이야기를 해서 해석하고 증언해야 과거사를 청산할 수 있습니다. 국가적으로 본다면 6·25 전쟁뿐만 아니라 여순, 4·3, 광주, 세월호, 이태원… 공개적으로 말하고 또 말하는 자리가 있어야 하는 거죠. 그런데 우리의 현대사를 보면, 정부는 말하는 피해자와 유족 들을 지겹다고 외면했습니다. 오히려 빨갱이에 반정부 인사, 불순분자로 몰아 입을 막아 버리곤 했습니다. 참사 생존자들에게 증언할 기회를 마련해 주고 사건이 발생한 원인을 밝혀서 책임자에게 엄중히 죄를 묻고 제대로 처벌해야 트라우마가 치유되고 공동체가 회복될 수 있는데 말입니다.

개인적으로 봐도 그렇습니다. 자신이 어떤 상황에서 어떤 고통을 겪었는지 똑바로 알아야 묵은 상처가 치유될 수 있습니다. 자신보다 어리거나 약한 가까운 이들에게 화풀이하면서 관계를 망치지 않을 수 있습니다. 인간의 기억은 책으로 비유하자면 코덱스가 아니라 초기의 책처럼 두루마리 형태로 저장된 것 같습니다. 책을 던져 본다면, 현대의 책처럼 낱장으로 잘려 제본된 코덱스 형태의 책이라면 아무 쪽으로나 펼쳐져서 바닥으로 떨어지겠지요. 반면 두루마리 책은 몇 번을 던져도 두루마리 형태가 풀리면서 맨 첫 부분부터 펼쳐집니다. 이처럼 인간의 기억도 충격을 받으면 늘 처음부터 펼쳐집니다. 한 개인의 기억 속에 아픈 과거사가 있다면, 현재가 어느 시점이든 입을 떼면 자신이 강렬한 충격을 받은 그 시절의 맨 처음 이야기부터 풀어가게 됩니다. 그 이유는 과거 어느 사건을 일부러 기억해 두어서가 아닙니다. 그 사건에 대해 이야기하기를 좋아해서도 아닙니다. 세월이 흘렀어도 그 사건이 벌어진 그 순간에 영원히 머물러 있기 때문입니다. 상처가 제대로 치유되지 않았기 때문입니다.

과거로 돌아가서 참사와 트라우마 발생을 미리 막아 결과를 바꿀 수는 없습니다. 하지만, 자신 혹은 공동체가 어떤 일을 겪었는지 제대로 파악할 수 있다면 과거에 있었던 나쁜 일의 영향이 현재, 더 나아가 미래까지 좌지우지하지 못하게 막는 일, 즉 과거사 청산은 어느 정도 가능하지 않을까요?

그런 의미에서 하고 싶은 말이 있습니다. 한국 근현대사를 꼭 읽어 봅시다. 관점이 좋은 책을 골라서 여러 권 읽어 봅시다. 현재 자신의 삶을 누리지 못하고, 옛날이야기만 꺼내서 대화가 안 되고, 고생한 내가 불쌍하니 너희가 나에게 잘해야 한다는 주장만 하는 어르신들을 이해하기 위해서만이 아닙니다. 현재 우리 사회가 이런 모습이 되기까지 지나온 과정을 알아야 국가 차원에서든 개인 차원에서든 과거사 청산을 하고 함께 미래로 나아갈 수 있기 때문입니다.

역사를 소재로 글을 쓰는 사람으로서, 저는 현재 우리 사회 모습에서 매우 우려되는 현상을 봅니다. 음, 말하자면 지난 근현대 역사의 폭력으로 인한 트라우마를 치유하지 못해서 사회가 좀 병들어 있다고나 할까요. 우리 개개인도 윗대에 청산되지 못한 과제를 빚처럼 떠넘겨 받아 고통받고 있다고나 할까요. 지난 세기, 우리나라는 외세의 침략과 지배도 당하고 분단과 내전도 겪었습니다. 국가 주도의 산업화 시대, 외환위기를 거쳐 과도한 경쟁에 내몰리기도 했습니다. 세대와 성별을 불문하고, 누구나 어느 정도는 시대의 폭력에 노출되어 성장했다고 볼 수 있겠습니다. 나는 아닌 듯해도 선대 조상이나 주위 어른들이 겪은 폭력의 경험을 물려받았다고 할 수도 있겠죠. 그 상태로 자아를 성찰하지 못한 채 성인이 되고 한 가정이나 조직에서 작은 권력이라도 갖게 되면 어떻게 될까요? 다들 이미 여러 번 목격했을 겁니다. 자신보다 약한 자에게 폭력을 행사하며, 잘못을 지적받으면 반성하고 개선을 다짐하기는커녕 '사실은 내가 더 피해자다' 하고 하소연하는 사람들을요. 우리가 과거에 당한 폭력을 그 형태 그대로 다른 이들, 특히 더 약한 이들에게 되갚아 주는 것이 정의실현인 줄 착각하는 사람들은 또 왜 이리 많을까요? 피해 경험과 피해 의식은 다른 것인데, 어떤 사건의 피해자라고 모든 경우에 늘 선량하고 정의로운 것은 아닌데 말입니다.

국가 차원이든 개인 차원이든 과거사 청산은 중요합니다. 지난 세월 동안 우리가 겪은 각종 폭력의 원인과 구조, 진행 과정, 재생산되는 패턴 등을 파악해 봅시다. 어떤 굽이에서 어떤 과거사를 청산하지 못해 여기까지 끌고 오게 되었는지, 그 과정에서 병든 사회와 개인이 어떤 문제를 일으키고 있는지 큰 흐름을 보며 살펴봅시다. 그러기 위해 한국 현대사를 읽으며 한번 고민해 보시기를 강력히 권합니다.

네, 바로 지금 여기에서부터 과거사 청산을 해 보아요. 나는 다른 이야기를 할 수 있고, 우리는 더 나은 미래를 만들어 낼 수 있습니다. 과거에 일어난 일이라도 현재의 시점으로 역사를 새롭게 쓸 수 있습니다. 한국 현대사를 꼭 읽어 봅시다.

{ 20 }

겸손하게 꾸준히

하행 에스컬레이터를 타고 있으면 어떻게 될까요. 가만히 있어도 저절로 아래쪽으로 이동합니다. 위험한 장난이지만, 하행 에스컬레이터를 거꾸로 올라가 본 적이 있으신가요? 올라가도 올라가도 제자리죠. 한 계단만큼 올라가려면 몇 배로 빨리 뛰어야 합니다. 위에서 새로운 계단이 끊임없이 내려오기 때문이지요. 모든 공부가 그런 이치 같습니다. 계속 새로운 지식이 쏟아지기 때문에 그냥 있으면 뒤처지고, 공부하면 제자리고, 몇 배로 열심히 해야 겨우 실력이 조금 늘어나지요.

지금 이 순간에도 새로운 유적이 발굴되고, 새로운 유물이 발견됩니다. 정설로 여겨지던 기존의 견해를 뒤집는 새로운 논문이 발표되고 있습니다. 아무리 역사에 관심이 많아도 이 모든 것을 실시간으로 업데이트하지는 못합니다. 현직 연구자도 다른 역사 분야의 최신 동향은 잘 모릅니다. 일반 독서인이 책으로 읽는 내용은 보통 몇 년 전에 발표된 내용입니다. 번역물로 읽는다면 더 늦겠지요. 이런 상황에서 어릴 적 교과서로 배운 내용이 내가 아는 역사의 전부라면요? 몇십 년 전의 내용, 이미 오류가 지적된 이론을 정설로 알고 평생 살게 되는 거지요. 내가 아는 사실이 더 이상 보편적인 상식이 아닌데도 말입니다. 저는 이런 상황이 매우 무섭습니다. 특별히 나쁜 의도가 없어도, 잘못된 역사 해석을 퍼트릴 수 있으니까요. 더불어 그런 해석을 하게 만든 가치관까지.

보스턴 차 사건이 미국독립전쟁의 도화선이 되었다고 배웠을 겁니다. 1773년, 아메리카 식민지 주민들이 보스턴 항구에 있던 영국 상선을 습격해 실려 있던 차 상자를 바다에 던져 버린 사건이었죠. 이에 영국 의회는 보상을 요구하며 식민지를 더욱 억압하는 법을 제정하고 보스턴에 군대를 주둔시킵니다. 전쟁이 벌어집니다. 1776년 7월 4일, 미국은 독립을 선언합니다. 이러한 사실 뒤에 '그래서 미국은 홍차를 즐기는 영국계

이주민의 후예가 많고 실제로 독립 전까지 홍차를 많이 마셨는데도 이후 반영 감정 때문에 커피를 마시게 되었다'는 설명을 들어 보셨나요? 저는 중고교 세계사 시간에 선생님께 들었고, 대중 역사서에도 토막 상식으로 자주 읽었습니다.

그러나 이는 사실이 아니라고 합니다. 당시 미국 무역상들은 서인도제도에 있는 히스파니올라섬에서 노예들이 생산한 커피 원두를 거래했는데, 비교적 가까운 지역에서 커피를 대량으로 수입해 오다 보니 원두 가격이 떨어졌기에 미국인들이 비싼 홍차보다 커피를 더 마시기 시작했다고 합니다. 그런데 히스파니올라가 아이티로 독립하고 노예제도를 없애자 상황이 변했습니다. 노예노동이 없어지자 원두 가격이 상승했기 때문이죠. 새로운 커피 거래처가 필요했던 미국은 브라질과 거래합니다. 브라질의 원두 가격은 저렴했습니다. 노예노동으로 생산하기에 인건비를 줄일 수 있었거든요. 그리하여 전 세계적으로 브라질산 커피 원두 수요가 늘어나자 브라질의 커피 농장에는 더 많은 노예가 필요했습니다. 이에 미국 상인들은 노예무역에 나섭니다. 아프리카에서 대서양을 건너 브라질로 가는 노예들의 반은 미국 노예선에 실릴 정도로 미국의 노예무역은 대호황이었습니다. 노예노동으로 커피 원두는 생산량이 더 늘어 더 싸졌습니다. 결국 미국인이 차보다 커피를 더 많이 마시게 된 것은 그들이 참여한 노예무역 덕분입니다. 결코 독립심과 반영 감정 때문이 아니었습니다.

이 부분은 많이 알려져 있지 않습니다. 추악한 노예무역보다 늙은 제국에 저항하는 신생 공화국을 떠올리며 커피를 마시는 것이 더 멋져서일까요. 어릴 적에 교육받은 미국독립혁명에 대한 긍정적 이미지가 굳건하기 때문일까요. 새로운 사실을 업데이트하려면 기존에 알고 있던 상식을 의심해야 하는데, 쉽지 않습니다. 제가 강연에 가서 이 부분을 이야기하면 불쾌해하며 자신을 공격한다고 생각하는 분도 많이 봤습니다. 당신이 틀렸다는 것이 아니라 당신이 아는 정보가 틀렸다는 건데 말입니다. 여기에서 앞서 읽은 '세계관을 뒤집어 주는 책을 읽자' 편을 떠올려 주세요. 흠흠. 물론 잘못된 역사 해석을 알고 있다는 것 자체는 큰 문제가 아닙니다. 그 잘못된 해석과 함께 그런 해석을 하게 만든 가치관을 퍼트리는 것이 문제일 뿐. 미국을 좋게 말하지 않으면 빨갱이라고 생각하는 분도 꽤 만났기에 하는 말입니다.

작년 여름에 청소년센터에서 유럽사 강의를 할 때 일도 생각나네요. 오늘 할 이야기는 프랑스혁명사라고 하니 한 학생이 말했습니다. “저 알아요! 왕비가 빵 없으면 케이크를 먹으라고 해서 일어났대요! 유튜브에서 봤어요!” 네, 이렇게 알고 계신 분이 많습니다. 그런데 이는 역사적 사실이 아닙니다. 프랑스혁명 당시 루이 16세의 왕비 마리 앙투아네트는 빵을 달라고 요구하는 굶주린 민중에게 “빵이 없으면 케이크를 먹어라!”(원문은 “S'ils n'ont pas de pain. Qu'ils mangent de la brioche”로 케이크가 아니라 ‘브리오슈’였습니다)라는 말을 한 적이 없습니다. 왕비가 이 말을 하는 현장을 목격하고 기록한 사람도 없습니다. 그런 농담을 할 만큼 여유 있는 상황도 아니었습니다.

이 말은 1766년경 루소의 저작에 처음 등장했습니다. 그때는 마리 앙투아네트가 프랑스로 시집오기 전이죠. 알아보니 루이 14세의 왕비 마리테레즈 도트리슈가 서민들이 빵이 없어 굶는다는 말을 듣고 동정하여 빵 껍질이라도 주라고 한 데에서 유래했다는 설이 있더군요. 당시 혁명군은 정치적 목적을 위해 이 말을 고의적으로 퍼트렸습니다. 가짜 소문은 민중의 증오를 불러일으켰고, 결국 마리 앙투아네트는 단두대에서 목이 잘리고 말죠.

마리 앙투아네트는 사치스럽다고 '적자 부인'이라는 공격도 받았지만 성적인 공격도 많이 받았습니다. 혁명 전부터 왕비를 다룬 포르노그래피 인쇄물이 시중에 나돌았습니다. 그런데 이는 정치적인 목적으로 만든 것이었습니다. 마리 앙투아네트는 시동생 아르투아 백작과 루앙 추기경을 비롯한 주변 남자들은 물론 동성 친구인 랑발 공작부인, 폴리냑 백작부인과도 성관계하는 모습으로 그려졌는데, 이런 포르노 팸플릿은 왕비에 대한 부정적 여론을 형성하는 데 결정적 역할을 했습니다. 그리하여 마리 앙투아네트는 아들에 대한 근친성폭력까지 추궁당한 끝에 정치범이 아니라 잡범으로 재판받고 사형당합니다. 루이 16세는 정치적 범죄에만 답하면 되었지만 마리 앙투아네트는 프랑스에 재정 적자를 일으킨 죄와 친정 오스트리아의 군대를 끌어들이려 한 반역죄뿐만 아니라 짓지도 않은 성적, 도덕적 범죄에 관해서까지 재판정에서 답변해야만 했습니다. 증거는 어처구니없게도 그동안 유포된 포르노 팸플릿이었죠.

그런데 성적인 공격을 담은 정치적 팸플릿은 전에도 많이 있었습니다. 루이 15세 시절에는 왕의 정부인

퐁파두르 후작부인과 뒤바리 백작부인이 포르노그래피에 등장했지요. 이렇게 왕의 주변 여성들을 공격하는 것으로 보아, 이런 포르노 팸플릿의 목적은 군주제를 향한 공격이라는 것을 알 수 있습니다. 절대왕정 시기였기에 왕에 대한 공격이 왕이 아니라 왕 주변의 여성에 대한 공격으로 나타난 것이지요. 이는 명백히 여성 혐오에 기반합니다.

잠깐, 여성 '혐오'란 단순히 '싫어한다'는 의미가 아닙니다. 여성을 남성과 같은 인간으로 여기지 않기에 일어나는 모든 현상을 의미합니다. 전문용어 '미소지니'Misogyny를 '여성 혐오'로 번역하면서 생긴 오해가 있기에 설명합니다. 여성 혐오 문화에서는 어떤 남성을 공격할 때 그 남성과 친밀한 관계인 여성을 공격하곤 합니다. 사치스럽다는 등 도덕적 면을 공격하기도 하지만 외모나 성적인 이력 등 여성의 몸 자체를 집중적으로 비방하죠. 남성은 이성적 존재로, 여성은 동물과 같은 육체적 존재로 보니까 그렇습니다. 마리 앙투아네트에 대한 공격을 단순히 개인을 향한 공격이 아니라 여성 혐오 역사의 맥락에서 보아야 하는 이유, 마리 앙투아네트에 대해 알려진 잘못된 상식을 바로잡아야 하는 이유가 바로 여기에 있습니다.

왕비와 몇몇 여성 혁명가를 처형한 후 프랑스 정부는 여성의 정치적 참여를 배제하고 혁명의 실패 원인을 반혁명 세력에 가담했던 여성들에게 돌립니다. 여성 참정권은 1944년에야 주어집니다. 유럽 내 다른 나라들과 비교하면 매우 늦었죠. 무려 '대혁명'의 나라인데도 말입니다. 프랑스혁명은 여성에게는 혁명이 아니었던 것입니다. 혁명에 참여한 남성들은 여성들을 혁명 동료로, 같은 인간으로 여기지 않았으니까요.

이상의 이야기는 신문화사의 흐름을 만든 대표적인 역사학자 린 헌트의 『프랑스혁명의 가족 로망스』와 『포르노그래피의 발명』을 읽으면 알 수 있습니다. 각각 1990년대에 현지에서 출간되고 몇 년 후 우리나라에 번역 소개되었으니 30여 년 전의 책이죠. 그런데 왜 이 잘못된 일화가 아직도 널리 알려진 채 여전히 여성들을 공격하는 데 쓰이고 있을까요?

그것은 우리 사회가 여성 혐오와 성차별 문화에 젖어 있기 때문이라고 생각합니다. 여성을 공격하기에 너무나 효과적인 무기를 내려놓기가 싫으니까요. 서양사 교수들조차 여성 정치인이나 남성 정치인의 부인을 비판할 때에 마리 앙투아네트에 빗대고, "빵이 없으면 케이크를 먹어라!"라는 근거 없는 일화를 인용해서 칼

럼을 쓰는 것을 저는 몇 번이나 봤습니다. 자신의 지식을 대중에 알리는 일을 하는 사람이라면 그래서는 안 될 일입니다. 자신의 전공 분야에 대한 상식이라면 더더욱요. 아니, 린 헌트의 책이 30여 년 전에 국내에 번역되었다니까요!

린 헌트는 다른 저서 『인권의 발명』에서 18세기 감성소설의 유행을 인권이란 개념의 탄생과 연관 짓습니다. 소설을 통해 길러지는 공감 능력이 인도주의적 감정의 배양에 기여했다고 본 것이지요. 그래서 '인권은 만들어진 것'이라고 주장합니다. 네, 저는 이런 상황이 18세기 프랑스에서만이 아니라고 생각합니다. 소설은 물론 일상에서 우리가 접하는 이야기들이 우리 사회의 발전 방향에 영향을 끼친다고 보기 때문입니다.

잘못된 이야기는 잘못된 현실을 만듭니다. 그러니 기존의 상식을 의심하고 새로운 이야기를 찾는 상상력은 물론, 언제든 자신이 잘못 알고 있다는 것을 인정하는 겸손함, 그리고 새로운 역사책을 찾아 계속 업데이트하는 꾸준함이 역사를 즐기는 사람에게 필요한 자세라고 생각합니다. 이야기 한 편, 역사 에피소드 하나가 현실을 다시 만들 수 있기 때문입니다. 인권의 발명 과정에 소설이 기여한 것처럼 말입니다.

꽃길만 걸으소서

"꽃길만 걸으소서"라는 말이 있습니다. 상대의 앞날을 축복할 때 많이 쓰죠. 꽃이 활짝 핀 아름다운 길을 걸어가듯, 못 볼 것 보지 말고 험한 일 겪지 말고 살라는 의미인가 합니다. 그런데 왜 꽃길일까요? 궁금했습니다. 이 말에는 어떤 유래가 있을까요?

일본문화사 책을 읽을 때였습니다. 가부키의 무대장치에 '하나미치'はなみち, 花道 즉 '꽃길'이 있다는 대목을 발견했습니다. 일본의 전통 연극인 가부키는 이즈모 신사의 무녀인 오쿠니가 춘 춤에서 시작했습니다. 처음에는 바닥에 앉아서 관람했는데 점차 무대를 설치하고 2층 객석까지 갖춘 극장이 생겼습니다. 회전무대, 비밀문, 하나미치가 무대에 더 설치되었습니다. 이중

하나미치는 배우가 무대에 등장하고 퇴장할 때 다니는 길입니다. 서구의 연극처럼 무대 옆에서 무대로 연결되는 것이 아니라 객석을 가로질러 무대로 연결되기에 관객은 가까운 거리에서 배우들을 볼 수 있었습니다. 그래서 하나미치가 처음 설치되던 당시에는 공연이 끝난 후 배우가 관객에게 꽃을 받는 곳으로도 사용되었답니다. 아하, 배우의 통로인데 이름이 '꽃길'이 된 이유가 여기에 있었군요. 현재 일본에서는 '하나미치'를 '인생의 전성기로 접어드는 길'이란 뜻으로도 쓴다고 하니, '꽃길만 걸으소서'라는 덕담은 일본 에도시대 가부키 극장에서 유래했을 것 같군요.

그렇다면 인생의 꽃길은 못 걸어도 극장의 하나마치는 걸을 수 있겠네요? 찾아보니 현재 남아있는 가부키 극장 중 가장 역사가 오래된 극장이 일본 가가와현 고토히라에 있습니다. 가나마루자라고도 알려진 곤피라 대극장입니다. 애니메이션 『명탐정 코난』 시리즈 중 '금비라좌의 괴인' 편에 공간 배경으로 등장할 정도로 유명한 곳입니다. 1835년에 지었는데 1976년에 약 200미터 떨어진 현재 위치로 옮겨 에도시대 모습 그대로 복원했다고 합니다. 지금도 봄이면 공연하고 있는데, 공연이 없을 때에는 극장 내부 투어를 할 수 있습니다. 닌자가 갑자기 등장하고 사라질 때 쓰는 우물같이 생긴 비밀문도 볼 수 있고, 에도시대의 가부키 배우처럼 하나미치를 걸어볼 수도 있답니다. 관리인 아저씨가 자세하고 친절하게 설명을 해 주기에 입장료 500엔(2024년 기준)이 전혀 아깝지 않습니다. 어떻게 아느냐고요? 네. 이 원고 초고 쓰면서 가 보았거든요. 하하.

직접 보고 걸어보니 하나미치는 생각보다 넓었습니다. 입장과 퇴장용 길이라지만 무대와 같은 높이이고 같은 바닥재를 쓴 것이 특이했습니다. 계속 궁금해서 여행 다녀온 후 더 찾아 봤습니다. 하나미치는 처음에는 무대 중앙에서 극장 중앙까지 뻗어 있는 나무판자 형태로 만들어졌는데, 1740년에 길이 16.38~18.20m, 폭 1.5~1.8m로 정해졌다고 합니다. 그런데 하나미치는 단순한 통로가 아니었다네요. 무대와 같은 높이로 만들어서 무대의 일부 혹은 연장으로 쓰였다네요. 긴 형태를 이용해서 도로나 바다 혹은 강이 되는 경우도 있었다고 합니다. 또 중심 무대와는 별개로 일어나는 장면을 보여 주는 추가적인 무대로도 사용되었답니다. 배우들은 하나미치로 등장하거나 퇴장할 때 중간에서 멈춰 서서 가부키의 한 대목을 연기하며 멋진 포즈를 취했다고 합니다. 그렇다면 하나미치, 꽃길은 단순한 통로가 아니라 무대였군요.

또 그분이 오셨습니다. 깨달음, 깨달음이라는 분이. 아하, 배우로서 하나마치를 걷는다는 것은 무대에서 연기하는 것이었군요. 그렇다면 배우 아닌 우리가 주고받는 '꽃길만 걸으라'는 덕담의 의미가 조금 달라지겠네요. 역덕인 저는 이렇게 생각해 봅니다. 자기 역사의 주인공이 되어 하나미치를 걸으라, 인생이란 무대에 서라는 뜻이었으면, 하고요.

연극의 무대라면 나는 항상 주연으로 오를 수 없습니다. 조연, 혹은 아무 대사 없이 지나가는 사람 역할로 오를 수도 있겠죠. 『레미제라블』처럼 프랑스혁명을 다루는 연극이 무대에 오른다면 나는 멋진 주동 인물이 아니라 민중봉기에 총 쏘고 돌 던지는 반동 인물 역할을 맡을 수도 있겠습니다. 하지만 마음에 안 드는 배역이라도, 나는 혼신의 힘을 다해 나쁜 놈이 되어야 합니다. 대본은 정해져 있고, 배역을 내가 선택할 수는 없으니까요.

인간의 역사라는 무대는 그렇지 않습니다. 대본이 정해져 있지 않기에 누가 무슨 역을 맡게 되어 사건을 어떻게 이끌지 모릅니다. 그렇다고 인간이 모든 것을 결정할 수 있는 것도 아닙니다. 인간의 행동은 그 시대의 경제, 사회, 정치적 구조의 제약을 받기 때문입니다. 뻔한 틀 안에서 뻔한 선택을 하여 뻔하게 망하는 경우가 많은 이유죠. 이 대목에서 절망할 필요는 없습니다. 이러한 제약과 한계 때문에 오히려 개개인의 선택이 더욱 중요한 법이니까요. 작은 선택이 쌓이고 소수의 선택이 모여서 시간이 흐르면 어느덧 세상을 바꿀 수 있습니다. 그러니 대본이 없어도 정해진 결말로 향하곤 하는 현재의 흐름에 휩쓸리지 않고 시간과 대결해야 합니다. 다른 선택을 하기 위해 큰 틀에서 사건의 패턴을 봐야 합니다.

역사는 반복된다는 말이 있죠. 믿으십니까? 저는 믿지 않습니다. 역사가 반복되는 것이 아니라 비슷한 상황이 계속 돌아오는데 인간이 같은 선택을 반복할 뿐이죠. 1923년 관동대지진때 조선인 제노사이드가 벌어진 사실, 알고 계시죠? '조선인이 우물에 독을 풀었다'는 등의 유언비어로 학살을 조장했다는 것도 잘 아실 것입니다. 역사를 거슬러 볼까요. 14세기 중반 유럽에 페스트가 창궐할 때도 같은 일이 있었습니다. 유대인들이 우물에다 독을 타서 페스트가 번졌다는 가짜 뉴스가 퍼져서 유럽 전역에서 유대인 학살이 일어난 것이죠. 스트라스부르에서는 당시 살고 있던

1800여 명 유대인 중 절반이 넘는 900여 명이 살해당할 정도였습니다. 두 사건 모두 현실의 불안함과 공포를 약자를 공격함으로써 해소하려는 같은 행동 패턴입니다. 이와 비슷한 일이 지금도 우리 주변에서 발생하고 있습니다. 네, 그래서 큰 패턴을 보려면 역사를 알아야 합니다. 우리는 슈퍼 히어로가 되지는 못해도 최소한 악의 조력자는 되지 않는 선택을 할 수 있기 때문입니다.

내 삶의 조건이란 무대 배경은 태어날 때 랜덤으로 주어졌습니다. 그러나 자기 역사의 무대에서는 모두가 하나미치, 꽃길을 걸어 자기 인생이란 무대의 중앙에 등장하는 주연입니다. 연극 배우는 연기를 잘하기 위해 대본을 암기하고 무대에 오릅니다. 이처럼 내 인생의 주연으로서 앞으로 닥칠 일을 미리 알고 큰 흐름을 보는 지혜로운 선택을 하려면 대본을 미리 읽어 두면 좋겠죠? 그러나 우리의 인생에 대본은 없습니다. 비슷한 역할을 하는 책은 있습니다. 바로 역사책! 역사책에는 수많은 사람들이 오랜 시간에 거쳐 어떤 상황에서 어떻게 선택했는지, 그 결과가 어떻게 되었는지에 대한 엄청난 데이터가 들어 있습니다. 그래서 연극 대본처럼 내가 현재 처한 상황에 맞는 미래를 골라 그 결과에 도달하는 과정을 익힌 후, 최선을 다해 지금 이 무대에서 내가 하고 싶은 역을 연기할 수 있답니다.

오늘을 사는 우리는 일상의 일을 처리하는 데 급급하여 미래를 고민하는 데 쓸 시간이 부족합니다. 큰 틀을 보지 못하고 나쁜 선택을 하게 되는 이유라고 생각합니다. 그런데 지금의 선택이 10년이나 30년 후에 나와 사회에 어떤 결과를 가져올지 예상하는 능력도 훈련으로 얻어집니다. 요가 수련이나 검도 대련처럼 말이지요. 인간이란 자신이 보낸 시간을 통해 형성되는 법, 결국은 시간과의 대련입니다. 그러니 지금의 무대 배경과 주어진 배역에 비관하거나 절망하지 마세요. 시간이 흐를수록 상황이 달라집니다. 그 시간 동안 책은 물론 좋은 역사 콘텐츠와 관계 맺기를 통해 오래된 지혜의 도움을 받는다면 태어난 조건의 한계에서 벗어나 남이 결정한 배역대로 이용당하며 살지 않을 수 있습니다. 큰 패턴을 보고 하루하루에 일희일비하지 않으며 작은 선택을 쌓아 두면 점점 삶의 주도권이 내게 넘어옵니다. 마침내 시간의 지배자가 되어 내 운명을 내가 결정할 수 있습니다. 그게 바로 하나마치, 꽃길을 걷는 것 아닐까요.

굳이 이 무대에서 열심히 연기하지 않아도 좋아

요. 남이 설정해 준 무대에서 뛰어내려 마음에 맞는 친구들을 모아 새 무대, 다른 무대를 만들 수도 있습니다. 어쩌면 이 방법이 나의 과거와 미래는 물론, 주위 사람들과 사회와 더 좋은 관계를 맺는 방법일 수도 있습니다. 이때 기존의 무대에서 퇴장하는 길도 당신의 하나미치, 꽃길이랍니다.

보다 많은 사람들이 역사를 즐기며 성장하여 스스로 운명을 완성하기를 바라며, 마지막 인사를 드립니다.

"꽃길만 걸으소서."

역사 즐기는 법
: 오늘을 사는 이를 위한 오래된 지혜

2024년 6월 14일 초판 1쇄 발행

지은이
박신영

펴낸이
조성웅

펴낸곳
도서출판 유유

등록
제406-2010-000032호(2010년 4월 2일)

주소
경기도 파주시 돌곶이길 180-38, 2층 (우편번호 10881)

전화 031-946-6869
팩스 0303-3444-4645
홈페이지 uupress.co.kr
전자우편 uupress@gmail.com

페이스북 facebook.com/uupress
트위터 twitter.com/uu_press
인스타그램 instagram.com/uupress

편집 김은우, 조은
디자인 이기준
조판 한향림
마케팅 전민영

제작 제이오
인쇄 (주)민언프린텍
제책 라정문화사
물류 책과일터

ISBN 979-11-6770-091-9 03900
979-11-85152-36-3 (세트)